Schriften zur rechtswissenschaftlichen Didaktik
herausgegeben von

Band 8

Judith Brockmann/Arne Pilniok (Hrsg.)

Recht sprechen lernen

Sprache im juristischen Studium

Nomos

Die Deutsche Nationalbibliothek verzeichnet diese Publikation in der Deutschen Nationalbibliografie; detaillierte bibliografische Daten sind im Internet über http://dnb.d-nb.de abrufbar.

ISBN 978-3-8487-2819-0 (Print)

ISBN 978-3-8452-7391-4 (ePDF)

1. Auflage 2016

Vorwort

Der Zusammenhang von Recht und Sprache wird vielfach eingängig zusammengefasst: »Recht ist Sprache«, heißt es etwa in Einführungen für Studierende. Die konstitutive Rolle der Sprache wird durch die klassischen Methoden der Norminterpretation, aber auch durch die Einübung der Konventionen der Fachsprache für Studierende durchaus erfahrbar. Darüber hinaus wird die sprachliche Dimension rechtlichen Handelns in den Hochschulen traditionell jedoch kaum gezielt thematisiert: Die allgemeinsprachlichen Voraussetzungen zu schaffen, fällt in die Zuständigkeit der Schulen. Fachsprache wird en passant gelernt, aber kaum explizit behandelt. Das Verfassen von Hausarbeiten wird anders als in anderen Fächern nicht angeleitet, sondern damit verbundenes Lernen erfolgt weitgehend autodidaktisch oder in der Peergroup. Die Vermittlung von rechtssprachlichen Kompetenzen in anderen Sprachen, die das Deutsche Richtergesetz vorsieht, findet außerhalb des normalen Lehrprogramms statt. Die Voraussetzungen dieses Modells erodieren jedoch. Daher können Lehrende sich meist rasch darauf einigen, dass die Sprachkompetenz der Studierenden verbesserungsfähig ist. Ob und wie Sprache im Lehren und Lernen der Rechtswissenschaft eine Rolle spielt und spielen sollte, ist demgegenüber nicht ohne weiteres konsensfähig.

Die Sprachlichkeit des Rechts hat grundlegende Bedeutung für die Methodik des Rechts, die im Studium thematisiert wird. Legt man ein klassisches Modell der Rechtsanwendung zugrunde, sind die Bedeutung des rechtswissenschaftlichen Studiums und dessen Funktion hinsichtlich der (Sprach-)Ausbildung marginal. Geht man, überspitzt formuliert, davon aus, der Text des Gesetzes ermögliche dem Rechtsanwender als Gegenüber – vermittels Sprache – die »Entnahme« der Lösung, so gilt es lediglich, das »richtige« Sprachverständnis zu erlernen. Dabei werden institutionelle Zusammenhänge der Rechtspraxis weitgehend ausgeblendet und simplizistische Sprachverständnisse zugrunde gelegt. Neuere Modelle der Rechtsanwendung nehmen dagegen die Kontexte und Verfahren in den Blick, in denen Bedeutung erst festgelegt wird. Das ist insbesondere deshalb von Interesse, weil die Konkretisierungsnotwendigkeit jeder Rechtsnorm unter spezifischen institutionellen Bedingungen betont wird. Damit steht die Fachdidaktik vor einer neuen Herausforderung, denn die Rolle der – auszubildenden – Interpreten, die Recht vor spezifischen Hintergrundverständnissen unterschiedlich verstehen (können), rückt in den Vordergrund. Allgemein-, bildungs- und fachsprachliche Verständnishintergründe bilden dann ebenso wie die fachspezifische Sozialisation relevante Faktoren der Rechtskonkretisierung. Vor diesem Hintergrund hat das Zentrum für rechtswissenschaftliche Fachdidaktik seine Jahrestagung im März 2015 dem Zusammenhang von Recht, Sprache und Studium gewidmet. Daraus ist der vorliegende Band hervorgegangen.

Ausgangspunkt ist die Frage, welche Textkompetenzen für das rechtswissenschaftliche Studium und das juristische Arbeitsfeld insgesamt erforderlich sind. Das setzt ein Verständnis für die Ausbildung solcher Kompetenzen in unterschiedlichen institutionellen Kontexten voraus. Diesen Fragen widmet sich der Beitrag von *Martin Morlok*, in dem er das juristische Studium als Prozess der Einübung der Fachsprache begreift. Zugleich stellen sich empirische wie systematische Fragen nach den Veränderungen, die auf die Ausbildung und Weiterentwicklung der relevanten Kompetenzen Einfluss nehmen. Dies betrifft einerseits den Wandel des Umgangs mit Texten durch eine veränderte Nutzung von Medien, den *Friedemann Vogel* in seinem Beitrag thematisiert. Dazu zählt aber auch die Zunahme von Mehrsprachigkeit bei den Studierenden, deren Konturen und Konsequenzen *Ingrid Gogolin* erörtert. Nur teilweise geklärt ist auch die Frage nach der Relevanz von Sprache für juristische Prüfungen, sei es Universitäts- oder Staatsprüfungen. Inwieweit und anhand welcher Maßstäbe darf Sprache ein prüfungsrechtliches Kriterium sein? *Christian Steinweg* analysiert dieses Problem auf Grundlage der umfangreichen Rechtsprechung.

In der Folge daran stellen sich aus wissenschaftsdidaktischer Perspektive vielfältige Fragen nach der Gestaltung des Studiums, von Lehr-Lernformaten und Prüfungen. Den Anschluss an die Wissensbestände der Linguistik sowie der Schreibforschung für die juristische Ausbildung stellt *Volker Emmrich* in seinem Beitrag her. Dabei steht der fachspezifische Kompetenzerwerb im Mittelpunkt. Daran knüpft auch *Otto Kruse* an, der auf der konzeptionellen Grundlage einer fachspezifischen Schreibkultur empirische Ergebnisse hinsichtlich der Schreibkompetenzen und Textgenres im juristischen Studium vorstellt. Die dabei eingeübte Fachsprache bildet einen wichtigen Teil der Fachkultur und damit des Sozialisationsprozesses. Die Ausbildungsliteratur ebenso wie Lehrveranstaltungen transportieren immer auch bestimmte Sprach- und Weltbilder mit spezifischen Vorverständnissen. *Thomas-Michael Seibert* analysiert in seinem Beitrag den juristischen Schulfall und seine Folgen. Angesichts des oben skizzierten Veränderungsdrucks sind in unterschiedlichen institutionellen und curricularen Zusammenhängen vielfältige Initiativen entstanden, die die sprachlichen Aspekte thematisieren. Exemplarisch stellt *Tina Hildebrand* ein entsprechendes Kursangebot dar.

Gedankt sei den Referentinnen und Referenten der Tagung für ihre Mitwirkung. Ohne ihre Beiträge hätte der vorliegende Band nicht entstehen können. Ein großer Dank gilt *Frieda Boekhoff* für die Betreuung des Tagungsbüros, *Philipp I. Lee* für die Organisation sowie *Margrit Brüggemann* und den beteiligten studentischen Hilfskräften für die tatkräftige Unterstützung bei der Durchführung der Tagung.

Hamburg, im März 2016

Judith Brockmann
Arne Pilniok

Inhalt

Das Jurastudium als Einübung der juristischen Fachsprache

Martin Morlok

I. Das Erlernen von Fachtermini

Das Jurastudium als das Erlernen der juristischen Fachsprache zu verstehen, hat eine gewisse Plausibilität. Im Studium gilt es zunächst, eine ganze Reihe von Fachtermini kennenzulernen und die Fähigkeit zu erwerben, sich ihrer richtig zu bedienen. Man lernt also, was man unter dem »Vorbehalt des Gesetzes« zu verstehen hat und was ein »Eingriff« in ein Grundrecht bedeutet. Begriff und Bedeutung von »Subsidiarität« muss man sich aneignen und das Wort und die Operation des »Subsumierens«.[1] Eine Besonderheit stellen Wörter dar, die in der Umgangssprache wie in der Rechtssprache vorkommen, aber mit je unterschiedlicher Bedeutung, so ist in der Umgangssprache der »Besitzer« die starke Person, im Recht ist es der »Eigentümer«. Herr Sixt würde böse, wollte man für den »Leihwagen« nichts bezahlen. Wenn die Nachbarin klingelt und darum bittet, sich einige Eier »ausleihen« zu dürfen, weil sich überraschend Besuch angekündigt hat und sie einen Kuchen backen will, so sieht der Jurist in der getätigten Operation einen Sachdarlehensvertrag nach § 607 BGB. Sie muss nicht dieselben Eier zurückgeben, sondern Eier gleicher Art, Güte und Menge. Jedenfalls gibt es im Recht eine spezifische Verwendung von »Einwilligung« (§ 183 BGB) und »Genehmigung« (§ 184 Abs. 1 BGB). Während »nichtig« alltagssprachlich auf eine Belanglosigkeit zielt, ist rechtlich damit die Unwirksamkeit eines Rechtsaktes bezeichnet. Oft haben rechtssprachliche Begriffe eine schärfere, eine spezifischere Bedeutung, so macht das »Benehmen« durchaus einen Unterschied zum »Einvernehmen«, auch ist es entscheidend, ob es im Rechtssatz heißt »ist zu tun«, oder »soll« geschehen oder »kann« erfolgen.

---

1 Zu einem angemessenen, eben nicht auf Logik, sondern Argumentation abstellenden Begriff der Subsumtion siehe *Gröschner*, Subsumtion – Technik oder Theorie?, 2014. *Gröschner* schlägt dabei vor, die »Subsumtion« von Gegenständen unter einen Begriff zu unterscheiden von der »Subordination« von Begriffen unter einen Begriff, S. 36.

Die Fachbegriffe können entweder durch die Rechtsnormen selbst vorgegeben sein, so etwa die Willenserklärung, mit der Unterart der empfangsbedürftigen, die »verfassungsmäßige Ordnung« nach Art. 2 Abs. 1 GG oder die freiheitlich demokratische Grundordnung im Sinne von Art. 21 Abs. 2 GG. Eine Sonderform bilden Begriffsfestlegungen durch den Rechtstext selber, die sogenannten Legaldefinitionen, beispielsweise § 35 VwVfG für den Verwaltungsakt. Daneben stehen dogmatische Begriffe und Figuren, so der »Beurteilungsspielraum« oder der »Eigentumsvorbehalt«. Selbstverständlich spielen gesetzliche Begriffe auch in der Dogmatik eine Rolle, man denke etwa an das »Schuldverhältnis« oder die »Schutzpflichten«.

Eine wichtige Rolle spielen Begriffe, die eine Mehrzahl von Bedeutungskomponenten zusammen erfassen, man könnte von *Dachbegriffen* sprechen. Paradigmatisch dafür stehe der »Verwaltungsakt«. Diese Bezeichnung steht für den verbindlichen Abschluss eines innerbehördlichen Entscheidungsprozesses, er markiert, dass diese Entscheidung der Bestandskraft fähig ist, auch bei Rechtswidrigkeit wirksam ist, er steht für die Qualität als Vollstreckungsgrundlage und wirkt sich auch aus auf die gegen ihn zu ergreifende Form des Rechtsschutzes. Nicht zuletzt gelten für Entscheidungen dieser Art einige im Einzelnen normierte Herstellungsbedingungen in den Verwaltungsverfahrensgesetzen.

Zu diesen Dachbegriffen zählen auch die Bezeichnungen für Normkomplexe, wie sie etwa das »Organstreitverfahren« darstellt oder dogmatische Festlegungen; ein Begriff wie »Naßauskiesung« kann erhebliche dogmatische Gehalte transportieren.

Neben diese Fachausdrücke treten Sprachformen, die auch in der Umgangssprache vorkommen, aber doch eher selten. Ich denke etwa an die Präposition »kraft« – »kraft Gesetzes, kraft Amtes« – und Ähnliches.

All dies ist einigermaßen offensichtlich – aber auch trivial. Es gibt indes darüber hinaus sprachliche Aspekte des Umgangs mit dem Recht.

II. Eigenarten und Funktionen einer Fachsprache, zumal der deutschen juristischen Fachsprache

Eine Fachsprache erschöpft sich nicht in einer speziellen Terminologie; Fachsprachlichkeit ist nicht auf den Wortschatz begrenzt. Sie ist vielmehr zu charakterisieren durch eine Reihe weiterer Eigenarten (1.) und der von ihr erfüllten Funktionen (2.). Diese gilt es jeweils allgemein für alle Fachsprachen und spezifisch für die deutsche juristische Fachsprache zu skizzieren (je a) und b)).

1. Eigenarten einer Fachsprache

a) Allgemeines

Neben den Fachtermini zeichnen sich Fachsprachen durch weitere Besonderheiten aus, diese können in der Syntax liegen, etwa einer Bevorzugung des Passiv, in einer Bevorzugung des Nominalstils und Ähnlichem. Diese Formen finden sich typischerweise auch in anderen Fachsprachen und in der Umgangssprache, die Besonderheit der Fachsprache liegt in der Häufigkeit, mit der diese Eigenarten in einer Fachsprache auftreten.

Fachsprachliche Texte arbeiten weiter häufig mit zusätzlichen Gestaltungselementen, etwa Tabellen, Synopsen, überhaupt mit starken Gliederungselementen. Die fachsprachliche Kommunikation ist wesentlich auch durch unterschiedliche *Fachtextsorten* gekennzeichnet, die sich als solche einigermaßen deutlich voneinander abgrenzen.

b) Juristische Fachsprache

Die deutsche juristische Fachsprache[2] hat an diesen Gemeinsamkeiten durchaus teil. Hervorheben möchte ich die Dominanz von Gliederungselementen, die sich zum einen in den Rechtstexten zeigt, die nach Paragraphen und Artikeln, Absätzen und Sätzen stark strukturiert sind. Dieses Vorbild wirkt sich auch auf die sonstigen fachsprachlichen Texte aus, die in aller Regel deutlich stärker strukturiert sind als Texte der Belletristik und auch Texte anderer Wissenschaften. Besondere *Metaphern* spielen eine herausgehobene Rolle, man denke nur an das »Abwägen«. Die juristische Fachsprache ist auch eine Sprache, die deutlich geprägt ist von einer früheren sprachlichen Epoche. Das hat damit zu tun, dass das dominieren-

---

2 Dazu *Jeand'Heur*, Die neuere Fachsprache der juristischen Wissenschaft seit der Mitte des 19. Jahrhunderts, in: Hoffmann/Kalverkemper/Wiegand (Hrsg.), Fachsprachen. Languages for Special Purposes, 1. Halbband 1998, Spalte 1286 ff.; *Daum*, Rechtssprache – eine genormte Fachsprache, in: Radtke (Bearb.), Der öffentliche Sprachgebrauch II, 1982, S. 83 ff.

de Gesetzeswerk des deutschen Rechts, das Bürgerliche Gesetzbuch, im ausgehenden 19. Jahrhundert formuliert wurde und mit seinen sprachlichen Mitteln bis heute prägend für die Rechtssprache wirkt. Angesichts des Einflusses des römischen Rechtes auf das europäische zeitgenössische Recht nimmt es nicht Wunder, dass die Rechtssprache überall in Europa verschiedene lateinische Elemente kennt, »in dubio pro reo« ist sogar in die Umgangssprache ausgewandert, »audiatur et altera pars«, die »condictio indebiti« und anderes mehr brauche ich nicht vorzustellen.

Immerhin ist festzuhalten, dass im Unterschied zu anderen Fachsprachen diejenige des Rechts verhältnismäßig fremdwortarm ist, was auch eine Schwierigkeit darstellen kann, wenn der rechtliche Sprachgebrauch vom allgemeinen abweicht, wie wir ja an den Eingangsbeispielen gesehen haben. Die deutsche Rechtssprache ist über Gesetzesbegriffe hinaus auch von älteren Sprachformen stärker durchsetzt als die aktuelle Gegenwartssprache. »Sich berühmen« kommt wohl fast nur noch in rechtlichen Zusammenhängen vor, ein Sportjournalist wird kaum davon sprechen, ein Kugelstoßer berühme sich, ohne Verletzungen 20 Meter weit stoßen zu können.

Die angesprochenen *Fachtextsorten* sind etwa vorbereitendes Gutachten, gerichtliches Urteil, Urteilsbesprechung, Buchbesprechung, Monographie, Lehrbuch oder Kommentar. Sie sind für jeden Angehörigen der Profession in ihrer Eigenart erkennbar und Autoren bemühen sich (hoffentlich), den Eigenarten des jeweiligen Genres gerecht zu werden. Eine der charakteristischen Eigenschaften der unterschiedlichen Textsorten liegt darin, die jeweiligen Vortexte zu verbreitern oder zu verkürzen. Gerichtsentscheidungen verbreitern den Gesetzestext, Entscheidungsbesprechungen verbreitern ihrerseits die Gerichtsentscheidung, jedenfalls in ausgewählten Teilen. Dem stehen Kurzdarstellungen von Entscheidungen gegenüber, etwa in der JuS, die den Entscheidungstext deutlich verknappen. Sowohl für Leser als auch für Autoren ist es wichtig zu wissen, wann welche Breite angemessen ist. Hinter dieser Problematik steht, dass jeder Text reduziert oder amplifiziert werden kann. Extreme Formen der Reduktion sind das Register oder die Gliederung, Verbreiterungen finden sich bis hin zum großen Lehrbuch oder gar zur Monographie zu einzelnen Themen. Das reduzierende Kompliment zum »großen Lehrbuch« ist das »Kurzlehrbuch« oder gar das Eindampfen einer ganzen Lehrbuchreihe auf eine Sammlung von Definitionen.[3]

Die verschiedenen Besonderheiten juristischer Texte machen den Studenten den Einstieg in das Jurastudium nicht leicht. Auf Fragen hörte ich die Klage über die sehr systematischen Texte – was doch Wunder nimmt, weil wir – als daran gewöhnt – Systematik als Verständnishilfe ansehen, was beim Ungeübten aber auch als verstörende Strenge wahrgenommen werden kann. Auch manche Sprachformen sind nicht mehr bekannt und bedürfen erst der Aneignung.

2. Funktionen einer Fachsprache

a) Allgemein

Fachsprachen haben über die Disziplinen hinweg ähnliche Funktionen. Sie dienen *intern* der präzisen Kommunikation, die dabei aber auch schnell erfolgen können soll. Fachbegriffe sind deswegen einerseits wohl definiert, raffen oft aber auch mehrere Elemente zusammen, ich erinnere an den »Verwaltungsakt«. Fachsprachen arbeiten mit exakt definierten und standardisierten Elementen, deren Kenntnis beim Empfänger vorausgesetzt werden kann. Ihr Gebrauch weist umgekehrt den Sprecher als kundiges Mitglied der Fachgemeinschaft aus.

Diese internen Funktionen haben ihr Gegenstück in den *externen* Wirkungen. Eine Fachgemeinschaft schließt bereits sprachlich Nichtfachleute mehr oder weniger aus der Kommunikation aus.[4] Das erlaubt es den Angehörigen einer Fachgemeinschaft, mehr oder weniger ein Wissensmonopol zu bewahren, was auch mit pekuniären Vorteilen verbunden sein kann. Diese relative Unverständlichkeit für Außenstehende schützt vor externer Kritik und trägt dazu bei, den Glauben an die Fähigkeit und Redlichkeit dessen, was die jeweilige Fachgemeinschaft umtreibt und treibt, aufrecht zu erhalten.

Im Zeitalter der immens erweiterten Kommunikationsmöglichkeiten, insbesondere auf elektronischer Basis, gilt dies zwar nicht mehr im selben Maße wie früher, die fachsprachliche Gebundenheit von Spezialwissen

---

3 Nomos-Lehrbuch, Taschendefinitionen, 2. Aufl. 2014.

4 *Eckardt*, Fachsprache als Kommunikationsbarriere?, 2000.

bleibt aber nach wie vor bestehen, der Zugriff von Laien auf einzelne Wissenselemente bleibt mit dem Risiko von Missverständnissen belastet.

b) Juristische Fachsprache

All dies gilt auch für die juristische Fachsprache. Trotz ihrer Fremdwortarmut erschließt sie sich wegen der spezifischen Bedeutung vieler Begriffe dem Laien nur begrenzt, insbesondere ist die Verwobenheit, die Interdependenz der verschiedenen Begriffe ein wesentliches Hindernis für ein zureichendes Verständnis von Laien. So mag man im Parlamentsrecht von einer »Vor-Fraktion« sprechen, eine Formulierung, die beim Juristen die Erinnerung an die »Vor-Gesellschaft« auslöst und damit einen Assoziationszusammenhang eröffnet, der sinnstiftend wirkt.

Diese Verständnisschwierigkeiten für Laien verlangen Übersetzungsleistungen von der Umgangssprache in die Rechtssprache. Rechtsanwälte und auch sonstige Angehörige des Rechtsstabes mit Publikumskontakt haben deswegen auch die Aufgabe von Dolmetschern.

III. Insbesondere: Der Gutachtenstil

Das Jurastudium soll die künftigen Juristen dazu befähigen, ihren spezifischen beruflichen Anforderungen gerecht zu werden.

Was machen Juristen? Was sollen sie können und was sollen sie dementsprechend lernen? Das Kennzeichnende der juristischen Tätigkeit scheint mir die *Entscheidung* zu sein. Juristen sollen rechtlich angeleitete Entscheidungen treffen. Das juristische Wissen stellt Entscheidungshilfen zur Verfügung. Im Studium erfolgt das Einüben der Entscheidungsfindung in Gestalt der *Gutachtentechnik.* Sie ist Hauptgegenstand des Übens, ihre mangelnde Beherrschung Hauptkritikpunkt der Lehrer. Das Entscheidende dabei scheint mir nun zu sein, dass der Sprachstil einen Denkstil hervorbringen soll, ein gelungenes Gutachten zu einer Rechtsfrage zeugt von der Beherrschung der juristischen Denkweise.

Ich will im Folgenden versuchen, den Gutachtenstil zu charakterisieren. Seine entscheidenden Merkmale sind mir die Problemzerlegung (1.) und das Argumentieren (2.).

1. Problemzerlegung

Rechtsfragen sind typischerweise durch mehrere Aspekte gekennzeichnet. Das Charakteristikum juristischer Herangehensweise liegt in der Dekomposition einer kompakten Problematik in mehrere Teilaspekte. Diese werden in textlich geschiedenen Abschnitten behandelt. Dabei ist es wichtig, die jeweilige Teilfrage als solche herauszuarbeiten und an den Beginn des jeweiligen Textabschnittes zu stellen: in Gestalt einer Frage, eines sogenannten Obersatzes. Verschiedene Aspekte einer Gesamtproblematik werden so in Einzelfragen aufgelöst und sukzessive behandelt.

Dabei geschieht eine analytische Auflösung der alltäglichen Betrachtung, unter Heranziehung von Fachtermini erfolgt eine »Tieferlegung« des Problems. Wenn es im Alltag um einen »Kauf« geht, so stellt sich für die juristische Betrachtung zunächst die Frage, ob ein entsprechender Vertrag überhaupt zustande gekommen ist. Das führt auf die Teilfragen zurück, worin ein Angebot und worin eine Annahme gelegen haben können. Hier kommt der Fachterminus der »Willenserklärung« ins Spiel, die regelmäßig »empfangsbedürftig« ist, ausnahmsweise aber nicht. Daran schließen weitere Fragen nach Abgabe und Zugang der Willenserklärung an. So wird Stück für Stück eine komplexe Problematik entwickelt und abgearbeitet.

Wenn die Voraussetzungen für eine interessierende Rechtslage vorliegen, so wird dies als Folgerung festgestellt. »Mithin«, »also«, »somit« sind deswegen typisch für diesen Sprach- und eben auch den Denkstil: Ein Gesamtproblem wird zerlegt in Teilelemente, diese werden einzeln benannt und auf das Vorliegen der jeweils notwendigen Voraussetzungen überprüft und mit einer (positiven oder negativen) Schlussfolgerung die Teilprüfung abgeschlossen.

2. Argumentieren

Neben das Zerlegen kompakter Probleme tritt das Argumentieren. Ob tatsächliche und rechtliche Voraussetzungen für einen bestimmten rechtlichen Erfolg im konkreten Fall gegeben sind oder nicht, ist ja häufig umstritten, andernfalls käme es nicht zu einem Rechtsstreit. Im Gutachtenstil geht es um die Erörterung, welche Sicht auf die verschiedenen umstrittenen Fragen vorzugswürdig erscheint. Das juristische Gutachten soll ja im Ergebnis herausarbeiten, was »für gut erachtet« wird. Der Gutachtenstil hat damit etwas Werbendes, er soll für die eigene Position einnehmen und den Leser vom gefundenen Ergebnis überzeugen. Deswegen arbeitet die Rechtswissenschaft auch mit dem Inventar der Rhetorik, sie ist auch eine rhetorische Disziplin.

Diesen Aspekt will ich im Weiteren nicht vertiefen. Ich darf mich mit einem Beispiel begnügen. In der *Lüth*-Entscheidung heißt es an prominenter Stelle, dass für eine freiheitliche Demokratie die Meinungsäußerungsfreiheit schlechthin konstituierend sei.[5] Für die Vorbereitung der Entscheidung zugunsten der Meinungsäußerungsfreiheit wird hier offenbar *Pathos* mobilisiert, ein Grundwert unserer staatlichen Ordnung beschworen,[6] wiewohl der genaue Zusammenhang zwischen diesem Grundwert und der Entscheidung im konkreten Fall nicht zwingend ist, man könnte auch an die Beschwörung des Persönlichkeitsrechts mit umgekehrtem Effekt denken.

Der Argumentationsstil im juristischen Gutachten ist stark deduktiv geprägt, wie soeben gezeigt wurde. Allerdings handelt es sich beim Gutachten nicht um eine reine Deduktion, vielmehr müssen immer wieder Argumente und Gegenargumente miteinander in Bezug gesetzt werden, müssen Präferenzentscheidungen getroffen werden. Insofern wird im Studium darauf trainiert, solche Argumente pro oder contra zu finden, zu entfalten und in eine sinnvolle Reihenfolge zu bringen. Sprachlich lässt sich das Überwinden von Einwänden an sogenannten konzessiven Konnektoren ablesen, »obschon…«, »obwohl…«, »zwar…, so ist doch zu sehen…«. Wir haben hier also ein Sprachmuster vor uns, das den Umgang mit Argumenten und Gegenargumenten widerspiegelt.

Der Stil der juristischen Fachsprache ist im Übrigen durch forcierte *Sachlichkeit* ausgezeichnet. Es gilt das Ideal der Unpersönlichkeit.[7] Wir treiben den Studenten eine Wendung wie »Ich meine…« im ersten Semester aus. Das ist übrigens eine Besonderheit des deutschen (auch des französischen) rechtlichen Stils, der angelsächsische Richter darf sehr viel stärker aus seinem subjektiven Horizont heraus argumentieren und auch selbst als Person in Erscheinung treten.

Im Übrigen soll die Darstellung in rechtlichen Texten klarmachen, wer für welche Behauptung steht. Die Schwierigkeiten der korrekten indirekten Rede, denen wir bei den Studenten begegnen, kennen Sie alle. Wer be-

---

5 BVerfGE 7, 198 (212).

6 Dieses Moment wird verstärkt durch die Heranziehung von Art. 11 der franz. Menschenrechtserklärung und durch ein Zitat von *Cardozo*.

7 *Sobota*, Sachlichkeit, Rhetorische Kunst des Juristen, 1990.

herrscht noch den Konjunktiv I? Der entscheidende Punkt ist, dass die Autorschaft von bestimmten Äußerungen klargestellt sein muss.

Dem gegenüber soll der autoritative Duktus des *Urteilstils* die Akzeptanzbereitschaft für die getroffenen Entscheidungen erhöhen und Zweifel an der Richtigkeit der Entscheidung reduzieren.[8]

3. Diese Sprach- und Denkpraxis erreicht man durch Üben

Schwimmen lernt man nur im Wasser. Dementsprechend setzt das Beherrschen der juristischen Kunst fleißiges Üben voraus. Ich darf an die sog. *Palandt'sche* Regel erinnern, wonach man sich erst zum Examen melden solle, wenn man hundert Klausuren übungshalber geschrieben habe. Es geht um die Erlangung einer praktischen Fähigkeit. Deswegen ist es richtig, dass am Anfang des Studiums Arbeitsgemeinschaften angeboten werden, in denen dieser Gutachtenstil geübt werden kann, deswegen ist es wichtig, dass auch im späteren Verlauf des Studiums die im staatlichen Teil wie im Schwerpunkt verlangten Anforderungen geübt werden, dass gegebenenfalls auch mehr Hausarbeiten als zur Zeit üblich geschrieben werden.

Zur Beherrschung einer Praxis gehört regelmäßig auch sogenanntes stillschweigendes Wissen,[9] also Wissen, das nicht oder kaum verbalisiert wird, da es nicht in Lehrbüchern steht, sondern von erfahreneren Kollegen weitergegeben wird. Die Referendarzeit hat im Erwerb dieses Wissens eine ihrer Berechtigungen; im Studium hilft in dieser Hinsicht der Rat älterer Semester.

IV. Erschütterung des Glaubens an fixe Bedeutungen

1. Auslegen

Jurisprudenz ist auch eine hermeneutische Disziplin. Die ihr vorgegebenen rechtlichen Entscheidungsprämissen reichen häufig nicht hin, um ohne

---

8 Dahinter steht der der Diskussion entzogene Gehorsamsanspruch des Rechts: Lex iubeat non disputet, *Seneca*, epistolae, 94.

9 Im Sinne von *Polany*, Personal Knowledge, engl. 1958, deutsch: Implizites Wissen, 1985.

weiteres den anstehenden Fall zu einer Entscheidung zu führen. Die Entscheidungsprämissen müssen deswegen ausgelegt werden, in einer Weise aufbereitet werden, so dass sie für den gegebenen Fall instruktiv werden. Dieses »Zurichten der Prämissen«[10] stellt einen zentralen Teil der juristischen Arbeit dar.

Ausgangspunkt der Auslegung des Rechts ist der Wortlaut der Norm. Dies ist fast notwendigerweise so: Recht ist als Text gegeben. Die Aussage, Ausgangspunkt der Auslegung sei der Normtext, ist strikt zu nehmen: Der Weg der Auslegung kann weit vom Wortlaut wegführen. Bemerkenswerterweise sind die sogenannten vier Auslegungsmethoden,[11] jedenfalls im Grundsatz, so gut wie unbestritten. Allein, bereits die Vierzahl der Auslegungsmethoden dementiert die Vorgegebenheit des Weges – methodos –, den der Interpret zu gehen hat. Er hat die Auswahl zwischen den Auslegungsmethoden, die jedenfalls das Potential haben, zu unterschiedlichen Ergebnissen zu führen. Dies ist Gemeingut der Juristen, auch wenn es eine verbreitete offizielle Theorie der juristischen Arbeit gibt, die die erheblichen Freiheitsgrade des Interpreten leugnet. Sehr häufig wird die sogenannte Wortlautgrenze der Auslegung propagiert, obwohl man sich in zahlreichen Fällen – mit guten Gründen! – nicht daran hält.

Dies ist ein sonderbarer Punkt im Sprachverständnis der Juristen.[12] Mit Modifikationen und Abschwächungen herrscht eine Sprachtheorie vor, die drei Annahmen setzt, nämlich die einer fixen Beziehung zwischen Sprachzeichen und Bedeutung, einer kontextstabilen Bedeutung und einer sprecherunabhängigen Bedeutung der Sprachzeichen. Alle drei Annahmen sind unzutreffend. Die Sprachwissenschaft ist sich darüber einig. So ist etwa die Kontextrelativität von Bedeutungen bekannt, »Star« hat im Kreis der Ornithologen eine andere Bedeutung als im Zirkel der Ophtalmologen und wieder anders bei den Zuschauern des RTL-Dschungelcamps. Es ist nun durchaus paradox, dass viele Juristen dieser falschen Sprachtheorie jedenfalls offiziell anhängen, sich in ihrer Tätigkeit aber nicht daran halten.

---

10 *Esser*, Vorverständnis und Methodenwahl in der Rechtsfindung, 1970, S. 50 ff.

11 Dazu *Morlok*, Die vier Auslegungsmethoden – was sonst?, in: Gabriel/Gröschner (Hrsg.), Subsumtion. Schlüsselbegriff der Juristischen Methodenlehre, 2012, S. 179 ff.

12 Vergl. zum Folgenden *Morlok*, Neue Erkenntnisse und Entwicklungen aus sprach- und rechtswissenschaftlicher Sicht, in: Ehrenzeller u.a. (Hrsg.), Präjudiz und Sprache, 2008, S. 27 ff.

Tatsächlich ist die juristische Auslegungsarbeit häufig dadurch gekennzeichnet, dass man sucht, ob ein gegebener Rechtsbegriff im aktuellen Zusammenhang nicht auch anders als umgangssprachlich oder auch anders als in anderen rechtlichen Zusammenhängen verstanden werden kann, rechtsgebietsspezifisch, oder gar, ob im Hinblick auf die konkrete Fallgestaltung eine engere oder weitere Bedeutung zu wählen sei. Dazu gibt es als methodisches Rechtfertigungsinstrument den Begriff der teleologischen Reduktion oder Extension. Es ist eine frühe Erfahrung im Jurastudium, dass die Bedeutung von Begriffen nicht vorgegeben ist, sondern dass man nach ihr suchen kann, ja muss, noch genauer, sich darüber auseinandersetzen kann, was vernünftigerweise ein Rechtsbegriff im Hinblick auf eine bestimmte Fallgestaltung bedeuten solle.

Dieses Suchen nach möglichen Bedeutungen ist aber nichts anderes als die Erschütterung des Glaubens an fixe Bedeutungen. Der junge Jurist wird früh mit der Frage konfrontiert, ob ein Rechtsbegriff nicht anders gelesen werden kann, als es dem ersten Blick erscheint. Zu den Erfahrungen eines Jurastudenten gehört die Inexistenz feststehender Bedeutungen, eine Erkenntnis, die freilich weniger als Erkenntnis sich präsentiert, sondern im Gewande einer Aufgabe: Wie ist dieser Begriff hier richtigerweise zu verstehen? Im Kontrast dazu steht das *objektivistische Selbstmissverständnis* einer dominierenden Sicht der Jurisprudenz. Dafür mag es soziologisch zu erklärende Gründe geben.

Zum einen ist ein Glaube an die gesteigerte Objektivität der Rechtsfindung, die den Eigenanteil des Rechtsanwenders sich kleinredet, hilfreich für die Darstellung gegenüber dem Publikum, den Abnehmern des Rechts. Wer an das glaubt, was er predigt, ist oft überzeugender. Darüber hinaus kann die Latenz der eigenen Spielräume die Entscheidungsfreude und -geschwindigkeit steigern. Wer sich immer im Klaren darüber ist, dass er auch ganz anders entscheiden könnte, kommt eher ins Grübeln, als dass er Aktenberge wegschafft.

2. Konventionalistische Bedeutungstheorie

Der Sache nach arbeitet unsere Profession mit einer konventionalistischen Bedeutungstheorie. Bedeutung ist also nicht einem Zeichen eingeschrieben, ist nicht präexistent, sondern wird geschaffen, wird gestiftet, wird zugeschrieben. Diese Relativität der Bedeutung auf die Sprachverwender hin, ist jedem deutschen Juristen bekannt unter der Formel »falsa demonstratio non nocet«, das Reichsgericht hatte bekanntlich im Haifischfleisch/Walfischfleisch-Fall[13] so entschieden. Sprachwissenschaftlich gefasst geht es dabei um den Vorrang der Pragmatik gegenüber der Semantik: Der von den maßgeblichen Sprachverwendern intendierte Kommunikationszweck setzt sich gegenüber einem allgemeinen, sprich in anderen Sprachkreisen gepflegten Sprachgebrauch durch. Im Vertragsrecht sind die Vertragspartner die maßgebliche Sprachgemeinschaft. Dogmatisch wird das reflektiert in der Relativität der Schuldverhältnisse.

Ein Zeichen erhält Bedeutung durch die Festsetzung, es habe eine bestimmte Bedeutung. Man spricht hier von *Referenzfixierungsakten*. Die Macht, diese Bedeutung zuzuschreiben, liegt bei der jeweiligen Sprachgemeinschaft. Regelmäßig ist diese Macht nicht gleichmäßig verteilt, es gibt vielmehr ausgezeichnete Sprecher mit besonderer Bedeutungsverleihungsmacht.

Für das Recht ist dies deswegen wichtig, weil es über eine eigene Fachsprache verfügt und die Fachgemeinschaft die Bedeutung eines Wortes anders festsetzen kann, als dies in der Umgangssprache geschieht, auch rechtsgebietsspezifische Bedeutungen können festgelegt werden. Mit dieser Anerkennung der Fachsprachlichkeit, jedenfalls der Möglichkeit einer fachsprachlichen Verwendung eines Begriffs, ist die Wortlautgrenze erledigt. Ein deutliches Beispiel bildet Art. 142 GG. Dort ist die Rede von den »Artikeln 1 bis 18« des Grundgesetzes und den dort gewährleisteten Grundrechten, es ist aber allgemein anerkannt,[14] dass entgegen dieser sogar ziffernmäßigen Bezeichnung und Begrenzung auch Art. 19 Abs. 4, 101 ff. GG dazu zählen, aber auch sonstige grundrechtsgleiche Rechte, die mit der Verfassungsbeschwerde verteidigt werden können, wie sie in Art. 93 Abs. 1 Nr. 4 GG aufgezählt sind. Ein bisweilen benutzter Topos, um sich über den Wortlaut hinweg zu setzen, ist »Redaktionsversehen«, der auch eingesetzt wird, ohne gründliche Nachforschungen zum Gesetzgebungsprozess anzustellen.

Die Fachsprachgemeinschaft kann nach ihren Bedürfnissen Bedeutung zuschreiben.[15] Als besonders mächtige Sprecher fungieren dabei die Ober-

---

13 RGZ 99, 147 (148), es ging um „Haakjöringsköd".

14 Siehe nur *Dreier*, in: ders. (Hrsg.), Grundgesetz-Kommentar, Band III, 2. Aufl. 2008, Art. 142 Rn. 37 ff.

15 Das kann auch die Konsequenz haben, dass dasselbe Wort je nach Rechtsgebiet eine andere Bedeutung hat. So ist der Eigentumsbegriff in Art. 14 GG ein deutlich weiterer als der zivilrechtliche.

gerichte, auch die Wissenschaft nimmt an dieser Bedeutungsfestsetzung teil. Auslegungsentscheidungen, Kommentarstellen und wissenschaftliche Äußerungen können also als Vorschläge der Sprachverwendung verstanden werden, sie informieren über Sprachverwendungen anerkannter juristischer Sprecher.

Die Bedeutung von Rechtsbegriffen kann expliziert und soll verstanden werden. *Verstehen* geschieht wesentlich durch Umkodierung, durch Transkription: durch Übertragung in eine andere Sprache, dadurch, dass etwas »in anderen Worten« ausgedrückt wird. Wir erläutern durch eine – meist breitere – Umschreibung mit anderen Ausdrücken. Das Verstehen zeigt sich daran, dass in eigener Sprache das ursprünglich zu Verstehende wiedergegeben werden kann.

Die Erläuterung von Rechtsbegriffen kann durchaus in mehreren Stufen erfolgen:

Diebstahl ist definiert durch Wegnahme einer fremden beweglichen Sache. »Wegnahme« wird erläutert als »Bruch fremden und Begründung neuen – nicht notwendig eigenen – Gewahrsams«. Auf einer dritten Stufe wird dann der Gewahrsamsbegriff erläutert als das Innehaben tatsächlicher Sachherrschaft, diese wird wiederum durch Hinweis auf die in der Situation geltenden sozialen Normen, auf die Erwartungen des entsprechenden Verkehrskreises erläutert. Diese intertextuellen Kaskaden werden von Studenten eingeübt – und damit auch, dass im Recht immer über Begriffe gesprochen wird, jedenfalls gesprochen und debattiert werden kann. Rechtswissenschaft ist zum guten Teil metasprachlich. Diese Erläuterungen der Rechtsbegriffe sind nicht in Erz gegossen, sie sind diskutabel.

Die Interpreten des Rechts handeln nun nicht willkürlich, sie folgen nicht ihren beliebigen Launen, sondern sie agieren als Mitglieder einer institutionell geprägten Kommunikationsgemeinschaft.[16] Die Interpretationsspielräume werden genutzt unter Heranziehung von Gründen für eine bestimmte Auslegung und gegen eine andere. Dabei werden die verschiedensten Rechtstexte herangezogen, das Auslegungsspiel ist zu einem guten Teil intertextuell.[17] Das hat auch damit zu tun, dass der Gesetzgeber meist *intentional* den Rechtstext fasst, er sagt, was er will. Das umfasst

---

16 Vgl. dazu *Fish*, Gibt es einen Text in diesem Kurs?, in: *ders.*, Das Recht möchte formal sein, 2011, S. 35 (52).

17 Zur Intertextualität im Recht s. *Morlok*, Der Text hinter dem Text, in: Verfassung im Diskurs der Welt – Liber Amicorum für Peter Häberle zum siebzigsten Geburtstag, 2004, S. 93 ff.

viele, oft unzählige konkrete Umstände. Die *extentionalen* Erläuterungen zählen dann Beispiele, konkrete Anwendungsfälle auf. Das Gesetz kann regelmäßig nicht extentional vorgehen. Das preußische allgemeine Landrecht von 1794 kann man auch als gescheiterten Versuch verstehen, das Recht extentional zu fassen. Deswegen gibt es *Gesetz* und *Kommentar*. Die Fülle der einschlägigen Fälle kann dann wieder fixiert und verdichtet werden durch die Dogmatik, zunächst kann man Fallgruppen bilden und diese dann auch theoretisch erfassen. Wir haben immer die Möglichkeit der Abstraktion und der Konkretion.

Ausdrücklich hervorheben möchte ich die *institutionelle Einbindung* der Auslegungsarbeit. Anders als etwa literaturwissenschaftliche Interpreten haben Juristen einen konkreten Anwendungsbezug: den zu entscheidenden Fall; oberstes Ziel ist auch nicht die Originalität der Auslegung, sondern die Akzeptabilität des gefundenen Ergebnisses, die begründbare Vernünftigkeit der Lösung. Eine wesentliche Rolle spielt dabei die institutionelle Akzeptanz. Rechtliche Vorschläge müssen sich in das vorfindliche Netz an Dogmatik möglichst einfügen, stehen unter Konsistenzzwängen mit der bisherigen Rechtsprechung. Die tatsächlich gegebene große Offenheit der Entscheidungsmöglichkeiten wird zu einem guten Teil *sozial* geschlossen. Die »herrschende Meinung«[18] macht dies deutlich. Auch die Literatur, zumal die Kommentare, haben hier eine wesentliche Rolle zur Sicherung eines einheitlichen Verständnisses.

Verfassungsrechtlich ist die Bindung an das Recht vorgegeben. Von daher muss die Rechtswissenschaft sich bemühen, diese Rechtsbindung herzustellen, was praktisch bedeutet, ein einheitliches vorhersehbares Verständnis des Rechts zu produzieren und zu praktizieren. Diese Rechtsbindung wird freilich nur begrenzt durch die Sprache der Rechtsnormen hergestellt. Vielmehr ist es eine institutionell geschaffene Einheitlichkeit. Angesichts der Offenheit des Ausgangstextes greift man zu dieser institutionell-autoritären Lösung. Die katholische Kirche praktiziert das mit ihrer Hierarchie und dem Lehramt paradigmatisch.

Es ist das Rechtssystem in seiner Praxis, das die Bindung an die Norm – genauer: die Bindung an eine in bestimmter Weise verstandene Norm – schafft und so Rechtssicherheit produziert. Der eingespielte und immer

---

18 Dazu etwa *Zimmermann*, Die Relevanz einer herrschenden Meinung für Anwendung, Fortbildung und wissenschaftliche Erforschung des Rechts, 1983; *Drostik*, Die herrschende Meinung, 1989; *Wesel*, „h. M.“, in: *ders.*, Aufklärungen über Recht, 1981, S. 14 ff.

wieder erneuerte, aber auch erneuernde Sprachgebrauch der Fachgemeinschaft bringt das hervor, was gesellschaftlich relevant als Recht praktiziert wird.

V. Ergebnis

Natürlich kann man auch eine andere Beschreibung dessen geben, was im Jurastudium passiert, als eine stark auf die Fachsprache und die fachsprachliche Praxis abhebende. Mir scheint aber dieser sprachliche Aspekt ein zentraler zu sein. Dafür sprechen zwei starke Gründe:

- Recht ist zunächst als Text gegeben, als Normtext.
- Die Arbeit von Juristen wird als Text abgeliefert, als Entscheidungen mit Begründungen.

Das Recht in seinen verschiedenen Gestalten lebt immer nur in Texten. Es liegt damit überaus nahe, dieser sprachlichen Seite des Rechts auch im Studium Aufmerksamkeit zukommen zu lassen.

Was bedeutet das konkret für das Rechtsstudium? Zunächst sollte die Fachsprachlichkeit selbst benannt und – explizit – erläutert werden. Dies geschieht nach meinem Eindruck kaum. Dabei sind dann auch deren Vorteile zu benennen. Damit einher geht, den Fachsprachenerwerb als solchen auch offen zu legen, also etwa das Abgewöhnen des persönlichen Sprachstils (»ich«), das geschieht zwar bisher auch, aber eben nicht unter Hinweis auf die juristische Fachsprache und ihre Eigenheiten. Eine offene Ausweisung dürfte wirksamer sein als ein schlichtes Einüben. Zentral für den sprachlichen Aspekt dürfte sein, dass Juristen über die Bedeutung von Begriffen diskutieren, dass die Rechtswissenschaft eine starke Komponente der Metasprachlichkeit, des Sprechens über Begriffe, hat.[19] Diese Kommunikation über Texte erlaubt oder erzwingt gar eine spezifischere Argumentation. Dies deswegen, weil der Text niedrigerer Ordnung in weitere Zusammenhänge verstrickt ist als derjenige höherer Ordnung. Diese sprachliche Aufklärung sollte in der konkreten Arbeit am Fall geschehen, in der Diskussion, wie ein gerade maßgeblicher Rechtsbegriff zu verstehen sei; eine von der Fallarbeit losgelöste Vorlesung Methodenlehre dürfte hier weniger bewirken. Eine weitere Folgerung liegt darin, sich ehrlich zur

19 Vgl. *Morlok*, Der Text hinter dem Text (Fn. 17), S. 126.

Wortlautgrenze zu verhalten. Mindestens sollte klargelegt werden, dass das Einhalten dieser Grenze von einer Entscheidung des Juristen abhängt.

Ein weiteres Einzelelement, das benannt werden sollte, ist die Textsortenkompetenz. Ich darf ein aktuelles Beispiel für deren Fehlen geben: Eine studentische Hilfskraft sollte übungshalber eine kurze Besprechung zu einer Gerichtsentscheidung anfertigen. Diese fiel sehr lang aus, nicht zuletzt deswegen, weil länglich auch der Parteivortrag wiedergegeben wurde. Offenbar wusste die Autorin noch nicht um den Unterschied zwischen Gerichtsentscheidung, wo der Parteivortrag aufgenommen werden muss, und Entscheidungsbesprechung, wo dies regelmäßig unterbleibt und wo der maßgebliche Bezugstext nur die gerichtliche Begründung ist.

Mehr als bisher üblich kann auch auf die Bedeutung der *Dogmatik* hingewiesen werden. Oft wird gar nicht der Rechtstext ausgelegt, sondern umstandslos die dogmatische Bedeutung einer rechtlichen Bestimmung zugrunde gelegt. Das heißt, der Text über den Rechtstext ist für den Juristen maßgeblich. Dieses Wissen um die dogmatische Angeleitetheit ist nicht zuletzt deswegen wichtig, weil es gegebenenfalls angezeigt ist, den Durchgriff auf den Rechtstext vorzunehmen.

Schließlich und nicht zuletzt eröffnet, nein schafft, eine bestimmte Sprache, eine bestimmte Welt. Das Bewegen in bestimmten Texten prägt den Weltzugang und die Denkstrukturen. Die Wahrnehmung der Welt durch die juristischen Raster ist hochgradig selektiv und kann andere Wirklichkeiten verfehlen.[20] Das zu wissen, ist auch und gerade für den Juristen wesentlich.

Die Fachsprachlichkeit ist also auch im Studium zu thematisieren, und zwar auch in der Form theoretischer Reflexion. Nur das entspricht dem wissenschaftlichen Charakter des Rechtsstudiums. Wir wollen keine besinnungslose Dressur von Rechtsanwendern, die repetitorartig lernen, wie sie »richtig« zu funktionieren haben, ohne letztlich verstanden zu haben, wie sie agieren. Ein Jurist, der weiß, was er sprachlich treibt, ist ein besserer Jurist.

---

20 Siehe dazu unter Bezeichnung Don-Quijote-Problem *Morlok*, Der Text hinter dem Text (Fn. 17), S. 114 ff.

Recht sprechen und schreiben im Zeitalter der Mediatisierung – Rechtsdidaktische Überlegungen aus medien- und rechtslinguistischer Perspektive

Friedemann Vogel

I. Einführung

Der vorliegende Beitrag will versuchen, aus einer rechtslinguistischen[1] Perspektive fünf verschiedene Aspekte herauszugreifen, von denen ich glaube, dass sie – sofern sie es noch nicht sind – in die juristische Ausbildung integriert werden könnten und sollten. Es sind fünf Aspekte, von denen ich glaube, dass sie zu einer Rechtserzeugungsreflexion und mit einer solchen zu einer besseren Rechtspraxis beitragen.

Ich schließe dabei an zahlreiche Vorarbeiten der Rechtslinguistik an, die sich seit den 1970er Jahren als gemeinsame Teildisziplin von Rechts- und Sprachwissenschaft etabliert hat.[2] Im Unterschied zur »forensischen Linguistik«[3] interessiert sich die Rechtslinguistik für die Sprache der Institution Recht selbst.

> Die moderne Rechtslinguistik beschäftigt sich als etablierte Teildisziplin von Sprach- und Rechtswissenschaft mit der sprachlich-kommunikativen Verfasstheit der gesellschaftlichen Institution Recht. Sie untersucht empirisch mit Hilfe qualitativer und quantitativer Methoden sprachliche wie multimediale Formen und ihren zeichenhaften Gebrauch von Akteuren im Kontext von Gesetzgebung, Gerichtswesen und Verwaltung, rechtswissenschaftlicher Forschung und Lehre wie Kommentarliteratur.[4]

---

1 Zur Rechtslinguistik als Fachbereich vgl. *Vogel,* Rechtslinguistik: Zur Bestimmung einer Fachrichtung, in: Felder/Vogel (Hrsg.), Handbuch Sprache im Recht, 2017 sowie Felder/Vogel (Hrsg.), Handbuch Sprache im Recht, 2017.

2 Felder/Vogel (Hrsg.), Handbuch Sprache im Recht (Fn. 1); *Vogel,* Rechtslinguistik: Zur Bestimmung einer Fachrichtung (Fn. 1).

3 Die forensische Linguistik wendet im Wesentlichen sprachwissenschaftliche Methoden auf kriminalistische Fragestellungen an (z.B. Tätertext- oder Sprecher-Erkennung); die Arbeitssprache des Rechts selbst ist nicht ihr Gegenstand.

4 *Vogel,* Rechtslinguistik: Zur Bestimmung einer Fachrichtung (Fn. 1).

Rechtslinguisten sind Fachsprachen-, Fachkommunikations- oder Fach-Laien-Kommunikationsforscher, ohne dabei notwendigerweise eine rein sprachwissenschaftliche Profession zu verfolgen.[5] Im Fokus ihrer Arbeit stehen Fragen wie die Folgenden:

- Fachwortschatz bzw. Lexik: Aus welchen Wörtern besteht die juristische Fachsprache und welche historische Herkunft bzw. Entwicklung haben diese Wörter im Einzelnen (Etymologie)? Welche verschiedenen Varietäten (d.h. Bündel aus sprachlichen Merkmalen) lassen sich innerhalb der juristischen Fachsprache differenzieren, z.B. Sprache der Rechtsprechung versus Sprache der Verwaltung? Und in welchem Verhältnis stehen juristischer Fachwortschatz und der Wortschatz von juristischen Laien?
- Syntax, Grammatik, Rhetorik: Was sind grammatische Besonderheiten der juristischen Fachsprache, wie werden Sätze gebildet im Vergleich zu anderen Varietäten? Welche rhetorischen Figuren bzw. Argumentationsmuster (Topoi) werden eingesetzt?
- Texte- und Textsorten: Wie sind juristische Texte aufgebaut (formale wie inhaltlich-thematische Systematik von Rechtstexten) und welche Texttypen lassen sich differenzieren (Normtextentwürfe, Normtexte, Verwaltungstexte, Gesetzeskommentare, Urteilstexte usw.)?
- Sprachhandlungs- und Gesprächsanalyse (Pragmatik): Wie lassen sich juristische Sprechakte (*Im Namen des Volkes ergeht folgendes Urteil* u.ä.) als Formen institutionalisierten, sprachlichen Handelns und Konstituenten von Normativität beschreiben? Wie kommunizieren Anwälte, Richter und juristische Laien vor Gericht miteinander? Und wie lässt sich die Interaktion zwischen Experten und Laien vor Gericht oder zwischen Sprechern unterschiedlicher Sprachen (Multilingualität) verbessern?
- Semantik: Wie entsteht juristische Bedeutung, oder genauer: Nach welchen Verfahrensroutinen schreiben Rechtsarbeiter bestimmten Texten und Ausdrücken eine spezifische Bedeutung zu und generieren damit im Grunde erst »Normativität«? Welches verstehensrelevante Fach- und Weltwissen (»Frames« oder »Schemata«) benötigen Rechtsarbeiter, um einen Normtext im Hinblick auf einen zu entscheidenden

5 Vgl. etwa die Heidelberger Arbeitsgruppe der Rechtslinguistik, der sowohl Linguisten, als auch Juristen und Philosophen angehören.

Fall angemessen zu interpretieren? Wie wird Fachwissen überhaupt ‚vermittelt'?

- Diskursanalyse: Mit welchen sprachlichen Strategien versuchen widerstreitende Diskursakteure (in der Regel Gruppen, Institutionen oder Teile davon) ihre jeweils präferierten handlungsleitenden Konzepte bzw. Ideologeme dominant zu setzen? Wie konstituieren sie im Diskurs die Sachverhalte in der Welt und instantiieren Geltungsansprüche bzw. damit verbundene Herrschafts- und Regelungsentwürfe?
- Normgenese und Gesetzgebung: Mit welchen sprachlichen Verfahren werden ‚Gesetze gemacht' bzw. wird Recht gesetzt? Welchen Beitrag können Sprachwissenschaftler zur Verständlichkeit von Normtexten allgemein sowie zur Normgenese im Hinblick auf spezifische Adressaten leisten (Antizipation unterschiedlicher Lesarten von Texten und damit Vermeidung von vorhersehbaren Interpretationswidersprüchen u.ä.)?
- Beitrag zu juristischer Theorie und Methodik: Welche implizite und explizite Sprachtheorie verfolgen rechtstheoretische Denkmodelle und wie sind diese aus Sicht heutiger Linguistik zu bewerten (etwa Modelle zu den Kanones der Auslegung oder der sog. Wortlautgrenze)? Wie lassen sich auf juristische Texte bezogene Interpretations- bzw. Auslegungsverfahren transparenter gestalten und verbessern?

Im Folgenden werde ich zunächst den semiotischen Zusammenhang von Recht, Lebenswelt und Sprache einführen und daran einige ergänzende Überlegungen zur Rechtsarbeit als eine institutionalisierte Textarbeit anknüpfen (II.). Anschließend wechseln wir die Perspektive und fokussieren diejenige Quelle der Rechtskonstitution, die sowohl bei Rechts- als auch bei Sprachwissenschaften empirisch häufig vergessen wird: nämlich die Normtextarbeit im Kontext der Gesetzgebung (III.). In Analogie zur medizinischen Ausbildung von heute werde ich im vierten Punkt (IV.) für eine stärkere Sensibilisierung von angehenden Juristen für die Fach-Laien-Kommunikation plädieren. Der fünfte Punkt (V.) schließlich versucht zu berücksichtigen, dass sich unsere Lebenswelt und mit ihr auch die juristische Textpraxis unter dem Einfluss zunehmender Mediatisierung verändert. Ich möchte zeigen, dass ein reflektierter Umgang mit Datenbanken, mit »Google«-Suche oder neuen, quantifizierenden Verfahren der Sprachanalyse auch zu einer weiteren Kontrolle der juristischen Methodik beitragen kann.

II. Sprachliche Konstitutivität des verfassten Rechtsstaats

Der Zusammenhang von Sprache und Recht lässt sich semiotisch und etwas plakativ auf folgende Formel bringen:

Recht & Lebenswelt =f (Sprache)

Was heißt das? Noch vor jeder Fachgebundenheit des Sprachgebrauchs steht die Einsicht, dass es »die« Norm und »die« Lebenswelt an sich nicht gibt, sie sind für uns immer gebunden an Zeichen respektive hier: vermittelt durch Sprachzeichen. Wir müssen dabei analytisch unterscheiden zwischen

1. dem, was wir sinnlich wahrnehmen können – z.B. geschriebensprachliche Ausdrucksmuster, akustisch wahrnehmbare Wortlaute usw.;
2. dem kognitiven Konzept oder Wissensrahmen, das wir Kraft unserer Sozialisation und unserer Sprachgebrauchserfahrung mit den jeweiligen Ausdrucksmustern assoziieren; und
3. dem lebensweltlichen Sachverhalt – sei's ein Stuhl, ein politischer Zusammenhang oder eben auch eine Normstruktur –, der durch die semiotische Ausdrucks-Konzept-Relation zuallererst konstituiert wird.

Der Zusammenhang lässt sich gut in einer Adaption[6] des semiotischen Dreiecks nach *Ogden & Richards*[7] illustrieren:

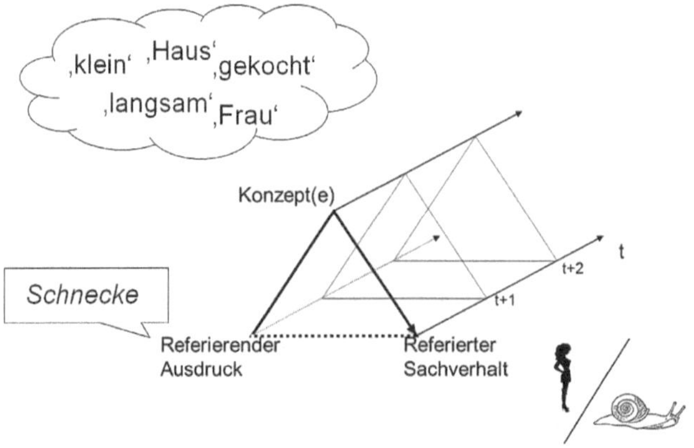

6 *Vogel,* Aufstand – Revolte – Widerstand: Linguistische Mediendiskursanalyse der Ereignisse in den Pariser Vorstädten 2005, 2009.

7 The meaning of meaning: A study of the influence of language upon thought and the science of symbolism, 1923.

Wörter, Texte oder andere mediale Artefakte sind nie direkt mit der referierten Lebenswelt verbunden (das Gegenteil nennt man bekanntlich »Abbildtheorie« der Sprache). Es sind lediglich Sinnesreize, die durch unser erlerntes Vorwissen unter Berücksichtigung von Situation und sozialem Kontext sinnvoll gemacht werden müssen.[8] Die Bedeutung eines Ausdrucks muss ihm – ganz im Wittgensteinschen Sinne[9] – von einem Akteur oder, wenn sie sich darüber einigt (Stichwort: Konvention) – von einer Akteursgruppe aktiv zugeschrieben werden. Entsprechend kann es nie »die eine« Bedeutung eines Ausdrucks geben, sondern immer nur konkurrierende und sich auch wandelnde Zuschreibungsversuche. Wenn auch die Relation zwischen Ausdruck und Bedeutung – wie *de Saussure* sagen würde – arbiträr oder kontingent ist, so ist sie doch nicht willkürlich. Das Interesse der Zeichenbenutzer, von anderen Zeichenbenutzern verstanden zu werden, führt natürlich dazu, Ausdrucks-Bedeutungs- bzw. Form-Funktions-Relationen adressatenspezifisch zu antizipieren, also den eigenen Sprachgebrauch an den erwarteten oder angenommenen Sprachgebrauch anderer Zeichenbenutzer in ihrem jeweiligen Kontext anzupassen.

Mit anderen Worten: Sowohl Lebenswelt als auch juristische Normwelt werden sprachlich-medial konstitutiert und zwar in einer durch den sprachlichen Zugriff immer schon perspektivierten Weise.[10] Die Variabilität sprachlicher Zeichen – das heißt schlicht, dass wir mit verschiedenen bedeutungsähnlichen Ausdrücken auf ein- und denselben Sachverhalt rekurrieren können – erfordert eine Auswahl von sprachlichen Ausdrücken und damit einen interessengeleiteten Zuschnitt der dadurch konstituierten Sachverhalte.[11] Je nach Ausdruckswahl verfolgen wir einen anderen Blickwinkel. Das heißt auch, dass der semantische Kampf nicht erst bei der juristischen Bewertung eines quasi ‚vorgegebenen' Sachverhalts beginnt. Er beginnt bereits bei der – wie es der Jurist *Bernd Jeand'Heur* for-

---

8 *Hörmann,* Der Vorgang des Verstehens, in: Kühlwein (Hrsg.), Sprache und Verstehen, 1980, S. 17 ff.; *Auer,* Kontextualisierung, Studium Linguistik 19 (1986), S. 22 ff.; *Gumperz,* Discourse strategies, 1982.

9 *Wittgenstein,* Logisch-Philosophische Abhandlung: Tractatus logicus-philosophicus; dem Andenken meines Freundes David H. Pinsent gewidmet, 2003, § 40.

10 *Köller,* Perspektivität und Sprache: Zur Struktur von Objektivierungsformen in Bildern, im Denken und in der Sprache, 2004.

11 *Felder,* Text-Bild-Hermeneutik: Die Zeitgebundenheit des Bild-Verstehens am Beispiel der Medienberichterstattung, in: Hermanns/Holly (Hrsg.), Linguistische Hermeneutik: Theorie und Praxis des Verstehens und Interpretierens, 2007, S. 359.

mulierte[12] – bei der sprachlichen »Zubereitung« der umstrittenen Lebenswelt im Hinblick auf die Normwelt. Das gilt nicht nur für so schwierige Fragen wie die nach dem Beginn und Ende menschlichen Lebens, etwa im Kontext der juristischen Debatte um *Abtreibung* und *Sterbehilfe*. Es gilt auch für so vermeintlich klare Fälle wie technische Objekte und Verfahren. Erinnert sei an die Diskussion um die sog. »Online-Durchsuchung« (oder *Bundestrojaner*) 2008: Die Überwachungsbehörden wollten Zugriff auf den Computer von potentiellen Straftätern (das wollen sie immer noch, es scheitert aber an der technischen Umsetzung). Die Beurteilung, ob und wenn ja, welche Grundrechte mit einem solchen Eingriff verletzt würden, hing stark von der sprachlichen Zubereitung des Gegenstands PC durch die streitenden Kontrahenten ab (z.B. *digitale Prothese / Tagebuch / Intimsphäre* versus *Werkzeug*).

Ich kann dieses Beispiel hier nicht weiter vertiefen,[13] möchte aber mit *Karl Bühler*[14] noch auf einen anderen Zusammenhang hinweisen: Sprachliche Zeichen perspektivieren nicht nur die Lebenswelt, sie sind umgekehrt auch Spur oder Symptom von Handlungsinteressen. Wir schreiben einem Sprecher automatisch auf Grund der von ihm verwendeten Zeichen bestimmte Charaktereigenschaften oder – mit *Bourdieu* gesprochen – einen sprachlichen Habitus zu.[15]

> »Der Habitus ist ein Ensemble von *Dispositionen* [Herv. im Orig.], die die handelnden Individuen auf bestimmte Weise agieren und reagieren lassen. Die Dispositionen generieren Praktiken, Wahrnehmungen und Einstellungen, die ‚regelhaft' sind, ohne bewusst koordiniert zu sein oder irgendeiner ‚Regel' zu folgen. Die Dispositionen, die den Habitus bilden, sind ‚eingepaukt', strukturiert, dauerhaft, generativ und übertragbar [...] Der sprachliche Habitus ist eine Untergruppe der Dispositionen, die im Zuge des Sprechenlernens in

---

12 *Jean d'Heur*, Die neuere Fachsprache der juristischen Wissenschaft seit der Mitte des 19. Jahrhunderts unter besonderer Berücksichtigung von Verfassungsrecht und Rechtsmethodik, in: Hoffmann u.a. (Hrsg.), Fachsprachen: Ein internationales Handbuch der Fachsprachenforschung und Terminologiewissenschaft: Handbücher zur Sprach- und Kommunikationswissenschaft, 1. Halbband, 1998, S. 1286 (1292).

13 Vgl. dazu ausführlich *Vogel*, Linguistik rechtlicher Normgenese: Theorie der Rechtsnormdiskursivität am Beispiel der Online-Durchsuchung, 2012.

14 Sprachtheorie: Die Darstellungsfunktion der Sprache. Mit einem Geleitwort von Fridrich Kainz. Ungekürzter Neudruck der Ausgabe von 1934, 3. Aufl. 1999.

15 *Bourdieu/Beister*, Was heißt Sprechen? Zur Ökonomie des sprachlichen Tausches, 2. Aufl. 2005, S. 19.

bestimmten Kontexten (Familie, Peer-Gruppe, Schule usw.) erworben werden.«[16]

Entsprechend der damit verbundenen, sozialisierten Voranahmen verhalten wir uns. Welche Folgen aber hat der zweifellos unterschiedliche Sprachhabitus von Anwälten, Richtern oder Angeklagten, wenn sie aufeinandertreffen?[17] Wie bekommen wir damit potentielle, automatisch aufgerufene (Sprach-) Stereotype und Vorurteile unter eine professionelle, methodische (Selbst-)Kontrolle? Fragen wie diese sind es meines Erachtens wert, im Jurastudium irgendwann einmal diskutiert zu werden.

Vor all dem wird deutlich, wie sehr unser verfasster Rechtsstaat und mit ihm die Verteilung von Macht und Gewalt auf Sprache angewiesen ist. Sprache ist dabei nicht irgendein Beiwerk oder lediglich instrumentelles Werkzeug, sie ist grundlegendes Konstitutivum. Der idealtypische Rechtsstaat als Textstruktur[18] zwingt die soziale Gewalt in den verfahrensgeleiteten semantischen Kampf um das bessere Argument.

> »Die Sprache kann die Ausübung der Gewalt erschweren, indem sie Rechtfertigungszwänge errichtet und einfordert. Die Sprache kann die Ausübung der Gewalt aber auch erleichtern; dies ist dann kennzeichnend für ein Unrechtssystem, in dem die Sprache als Dienstmagd der Gewalt deren stille Ausübung verbirgt oder deren offene Ausübung feiert.«[19]

Genau aus diesem Grund ist eine Reflexion und Kontrolle juristischer Interpretation, d.h. Rechtsarbeit als institutionalisierte Textarbeit, dringend geboten.

III. Rechtsarbeit ist institutionalisierte Textarbeit

Die potentielle Willkür sprachlicher Zubereitung von Lebens- und Normwelt findet ihre Grenze an dem, was die Community der Juristen (und Nicht-Juristen) für vertretbar und im Diskurs durchsetzbar hält. Die Institution zwingt also zur Akkommodation des einzelnen juristischen Textarbeiters entsprechend mehrheitsfähiger Erwartungen in Sprachgebrauch,

16 Ebd. S. 14-19.

17 Vgl. dazu *Wodak,* Das Sprachverhalten von Angeklagten bei Gericht: Ansätze zu einer soziolinguistischen Theorie der Verbalisierung, 1975; *Hoffmann,* Kommunikation vor Gericht, 1983.

18 *Müller/Christensen/Sokolowski,* Rechtstext und Textarbeit, 1997, S. 116.

19 Ebd. S. 173.

Argumentationsmuster, Handlungsabläufe, Verfahrens- und Instanzenzug. Rechtsarbeit ist eine institutionalisierte Textarbeit, für die ein sprachbezogenes Fachwissen über spezifische Verfahren der Textverknüpfung, der Textsorten und der Textschreibung maßgeblich ist.[20] Das ist das Besondere am Recht: Die Institution Recht bedient sich nicht nur der Sprache, sie *ist* Sprache!

> »Von Texten *als* Institution kann [...] gesprochen werden, wenn Texte [...] das zentrale Rückgrat einer gesellschaftlichen Institution bilden, die ohne diese Texte nicht gedacht werden kann, schlicht nicht existent wäre.«[21]

Die Besonderheiten der juristischen Sprache als Fachsprache sind mittlerweile gut untersucht und vielfach beschrieben.[22] Ich möchte mich daher auf einen spezifischen Aspekt beschränken: Juristische Fachsprache ist vor allem juristische Fachkommunikation. Sie besteht auch aus deklarativem Wissen (also Wissen »Was«), vor allem aber aus prozeduralem oder Ablaufswissen: Aus Routinen der Textverknüpfung und sprachlichen Interaktion (etwa vor Gericht). Unter Studierenden sind regelmäßig Klagen über das »Pauken« im Jura-Studium, vor allem im Repetitorium, zu vernehmen. Wenn ich recht sehe, missverstehen viele Studierende offenbar sehr lange, dass es nicht um das Auswendiglernen von Sachwissen, sondern um das Beherrschen überschaubarer textueller Arbeitsroutinen geht. Etwas anderes stellen die Kanones der Auslegung[23] oder auch die Theorie der Rechtsquellen – die ja eigentlich mehr eine Theorie des Geltungsan-

---

20 *Busse,* Die juristische Fachsprache als Institutionensprache am Beispiel von Gesetzen und ihrer Auslegung, in: Hoffmann u.a. (Hrsg.), Fachsprachen: Ein internationales Handbuch zur Fachsprachenforschung und Terminologiewissenschaft, 1999, S. 1382 ff.

21 *Busse,* Textsorten des Bereichs Rechtswesen und Justiz, in: Brinker u.a. (Hrsg.), Text- und Gesprächslinguistik: Ein internationales Handbuch zeitgenössischer Forschung, 2000, S. 658 (665).

22 Vgl. *Jeand'Heur,* Die neuere Fachsprache der juristischen Wissenschaft seit der Mitte des 19. Jahrhunderts unter besonderer Berücksichtigung von Verfassungsrecht und Rechtsmethodik (Fn. 12); *Busse,* Juristische Fachsprache und öffentlicher Sprachgebrauch: Richterliche Bedeutungsdefinitionen und ihr Einfluss auf die Semantik politischer Begriffe, in: Liedtke/Wengeler/Böke (Hrsg.), Begriffe besetzen: Strategien des Sprachgebrauchs in der Politik, 1991, S. 160 ff.; *Busse,* Die juristische Fachsprache als Institutionensprache am Beispiel von Gesetzen und ihrer Auslegung (Fn. 20), S. 1382 ff. sowie auch der Beitrag von *Morlok* in diesem Band, S. 11 ff.

23 Hierzu *Kudlich/Christensen,* Die Kanones der Auslegung als Hilfsmittel für die Entscheidung von Bedeutungskonflikten, JA 2004, S. 74 ff.

spruchs von rechtlichen Textsorten ist – im Grunde nicht dar. Normen müssen nicht (nur) gepaukt, sondern vor allem methodisch kontrolliert in der Arbeit mit Texten argumentativ hergeleitet und vertreten werden. Mit einer stärkeren Sensibilität für diesen Zusammenhang wären meines Erachtens Topoi, die einen quantifizierenden Urteilsmaßstab suggerieren, wie die sog. »herrschende Meinung«, oder auch rhetorische Nebelkerzen wie die Berufung auf den ominösen »allgemeinen Sprachgebrauch«[24] überflüssig.

IV. Normtextkonkretisierung de lege ferenda

Während die textuelle Konkretisierungspraxis vor Gericht als weithin gut erforscht gelten kann, wird die andere Seite der sprachlichen Konstitution des Rechts bis heute in allen Fachdisziplinen vernachlässigt. Über die Gesetzgebung finden sich sowohl in rechts- als auch politikwissenschaftlichen Lehrbüchern bestenfalls theoretisierende, selten empirische Abhandlungen über Zuständigkeiten und globale Verfahrensabläufe. Angesichts anhaltender öffentlicher Klagen über die sog. »Gesetzesflut«, Diskussionen über Bestimmtheitsgebot und mangelnde Verständlichkeit ist diese Tatsache doch überraschend. Meine Hypothese ist, dass die Qualität juristischer Hermeneutik sowohl vor Gericht, als auch in den Exekutivbehörden deutlich zunähme, wenn diese beiden Enden der juristischen Textarbeit nicht nur theoretisch, sondern auch praktisch stärker miteinander verzahnt würden. Ein wichtiger Ansatz hierzu wäre meines Erachtens die juristische Ausbildung. Warum sollten Jurastudierende nicht einmal Art. 2 des Grundgesetzes bzw. das Allgemeine Persönlichkeitsrecht so reformulieren, dass dabei die herrschende Rechtsprechung der letzten Jahrzehnte – im wörtlichen Sinne – zum Ausdruck gebracht wird! Oder wie lassen sich die Vorgaben einer EU-Richtlinie in ein Bundesgesetz einarbeiten, ohne dass der Quelltext dabei einfach unkommentiert übernommen (wie es bedauerlicher Weise nach wie vor häufige Praxis ist), sondern – wie man so leicht sagt – mit nationalem Recht sprachlich »harmonisiert« wird? Oder

---

24 Vgl. *Hamann,* Der „Sprachgebrauch" im Waffenarsenal der Jurisprudenz: Die Rechtspraxis im Spiegel der quantitativ-empirischen Sprachforschung, in: Vogel (Hrsg.), Zugänge zur Rechtssemantik: Interdisziplinäre Ansätze im Zeitalter neuer Medien, 2015, S. 184 ff.

wie kann ein Normtext so umformuliert werden, dass er selbst für Juristen leichter zu verstehen und zu interpretieren ist?

Mit Übungen wie diesen werden zentrale Fragen und Probleme der Bedeutungszuschreibung und der juristischen Arbeit mit Sprache unmittelbar erfahr- und idealiter kontrollierbar: Insbesondere wird deutlich, dass die Entstehung eines Normtextes nicht nur lediglich eine »umgekehrte Subsumtion« ist, sondern ein komplexer Prozess der Antizipation verschiedener Normtext-Lesarten.[25] Antizipation von Lesarten aber bedeutet Berücksichtigung verschiedener Adressaten, Wissenskontexte und situativer Rahmen. Ich kann die damit verbundene Textarbeit hier nur kurz skizzieren:

- Am Anfang jeder Konkretisierungsarbeit, also der Vertextung eines Gesetzestextes, stehen der Anlass und seine sprachliche Zubereitung, also die Problematisierung einer Lebenswelt als sogenannter Sachbereich.[26] Die (in der Regel ministerialen) Legislatoren erhalten oder sammeln Informationen über Sachverhalte der sozialen Lebenswelt, die einer Normierung – also einer regelgeleiteten Sachverhaltsänderung – ‚bedürfen'. Zu diesem Sachbereich gehört zum einen die Lebenswelt t (‚Ist'-Zustand), zum anderen die Lebenswelt t+1 (‚Soll'-Zustand) sowie bereits erste Überlegungen zu Regelungstechniken (also zur Transformation von ‚Ist'- zu ‚Soll'-Zustand).
- Auf Basis dieser lebensweltlichen Vororientierung (‚Was soll gemacht werden?') sowie auf Basis des juristischen und legislatorischen Vorverständnisses (‚Was ist erlaubt?') entwickeln die beteiligten Juristen eine erste Normtextprognose: ‚Was ist auf welcher Normtextbasis erlaubt?'. »Normtextprognose« meint keine Vorauswahl eines bestimmten Normtextes, sondern den Rückgriff auf Institutionenwissen zu Norm- und Textwelt darüber, welche normtextseitigen Kriterien an den zu regelnden Sachbereich zu stellen sind. Der Polizeirechtler etwa weiß, dass für Eingriffe in den Privatbereich bestimmte (v.a. dogmatisch entwickelte, aber auf Normtexte bezogene) Anforderungen an eine legitime Eingriffsermächtigung gestellt werden (z.B. Explikation der Eingriffsschwelle, Regelungen zum Rechtsschutz des Betroffenen, Dokumentationspflichten usw.).

25 *Vogel,* Linguistik rechtlicher Normgenese: Theorie der Rechtsnormdiskursivität am Beispiel der Online-Durchsuchung (Fn. 13).

26 Zur Terminologie von Sach- und Normbereich vgl. *Müller,* Strukturierende Rechtslehre, 2. Aufl., 1994.

- Je nach Normtextprognose können die Legislatoren zu dem Schluss kommen, dass bereits ein Normtext existiert, der sich – nach allen Regeln der juristisch-methodischen Arbeitsdisziplinen[27] – plausibel als Ermächtigungsgrundlage mit dem Sachbereich vermitteln lässt.
- Kommt die Normtextprognose zu dem Schluss, dass für den beabsichtigten Sachbereich bislang keine plausible Normtextgrundlage existiert, wird die Prognose zum Normtextentwurf konkretisiert. Bei diesem über mehrere Stufen, Arbeitskontexte und Kommunikationsbereiche laufenden Vorgang geht es um die Entwicklung von Kriterien, wie die zukünftigen Regelungen mit der bisherigen Norm- und Textwelt angemessen verknüpft werden können. Im Wesentlichen geht es dabei um drei Kriterien oder von den Legisten zu klärende Fragen:
  - Erstens: Welcher normative Rahmen des ‚von Verfassungs wegen Vorgebenen' ist zu berücksichtigen (Normprogramm; z.B. Einhaltung von verfassungsrechtlichen Schrankenschranken)?
  - Zweitens: Wie kann und muss der Sachbereich verengt werden auf einen rechtsstaatlich (noch) angemessenen, das heißt vor allem im politischen, juristischen und medialen Diskurs *durchsetzbaren* Normbereich?
  - Drittens: Welchen lexikalischen, grammatischen, textsortenspezifischen usw. Anforderungen ist bei der Explikation des Normbereichs im zu entwickelnden Normtext Rechnung zu tragen?

Auf diese Weise entsteht Schritt für Schritt ein Normtextentwurf – übrigens ganz einfach in Word im »Überarbeiten-Modus«.

- Schließlich erfolgt über die verschiedenen formellen Instanzen (und überwiegend geschlossenen Gremien) hinweg die Verdichtung oder normweltliche Adelung des Normtextentwurfes zum Normtext. Zu dieser Adelung gehören öffentliche und im Normtext selbst eingeschriebene Vorgänge, die ihre Bedeutung sowohl aus den dazugehörigen Verfahrensvorschriften (insb. des Grundgesetzes), als auch (zuweilen rituellen) Sprechakten ziehen (Beschlussformel des Bundestagspräsidenten, Ausfertigung durch den Bundespräsidenten einschl. Signaturen usw.).

Denkt man einen solchen Prozess einmal durch, lässt sich übrigens auch das Problem der Verständlichkeit praxisnah wenden: Rechtssprache wird

27 Zum Begriff der Disziplin vgl. *Foucault,* Analytik der Macht, 2005, S. 128 f.

auf absehbare Zeit aus verschiedenen Gründen weiterhin für juristische Laien schwer verständlich sein. Aber auch der Jurist gilt gemeinhin nicht unbedingt als Liebhaber von Schachtelsätzen, Nominalisierungen und fünfgliedriger Genitivketten; er hat es üblicherweise nur nicht anders trainiert. Für Erfahrungen, wie solche Übungen praktisch aussehen können, kann man übrigens auf die sehr erfolgreiche, aber kaum bekannte Arbeit des »Redaktionsstabs Rechtssprache« am Bundesministerium der Justiz und für Verbraucherschutz zurückgreifen.[28]

V. Fach-Laien-Interaktion

Juristische Fach- und nichtjuristische Laien- oder Gemeinsprache lassen sich als zwei unterschiedliche Varietäten beschreiben, die vor allem ausdrucksseitige Überschneidungen zeigen, sich aber semantisch teilweise gravierend unterscheiden (vgl. etwa den Ausdruck *Gewalt* alltags- und fachsprachlich). Doch wie interagieren diese beiden Sphären in der Praxis miteinander? Die rechtslinguistische Forschung sammelt seit einigen Jahren umfangreiche empirische Erfahrungen zur Fach-Laien-Kommunikation nicht nur vor Gericht, sondern zum Beispiel auch im Kontext der Bürger-Verwaltungs-Kommunikation[29] oder zum Mandantengespräch[30]. Es ist seit langem bekannt, dass die Art und Weise einer Rechtsberatung Ein-

---

28 *Thieme/Schade,* Verständliche Gesetze. Sprachberatung im Gesetzgebungsverfahren: Erfahrungen aus Deutschland. Ein Bericht aus der Praxis, in: Europäische Kommission (Hrsg.), Proceedings of the Conference Clear Writing throughout Europe, 2011, http://lex-lingua.de/pics/clear_writing_en_pages_21_31.pdf (17.03.2015); *Schade/Thieme,* Gesetzessprache auf dem Prüfstand: Über die Arbeit der Sprachberatung beim Bundesministerium der Justiz, in: Moraldo (Hrsg.), Sprachenpolitik und Rechtssprache: Methodische Ansätze und Einzelanalysen, 2012, S. 81 ff.

29 *Fluck,* Sprachliche Aspekte der Bürger-Verwaltungs-Kommunikation – Situationsbeschreibung und Forschungsperspektiven, Muttersprache. Vierteljahresschrift für deutsche Sprache 114 (3) 2004, S. 193 ff.; *Fluck,* Optimierung der Verwaltungssprache – gestern und heute, Estudios Filológicos Alemanes (13) 2007, S. 57 ff.; *Händel u.a.,* Bürgernahe Verwaltungstexte: ein Kooperationsprojekt der Stadt Bochum und der Ruhr-Universität zur Textoptimierung, Fachsprache 23 (3-4) 2001, S. 139 ff.

30 *Pick,* Das anwaltliche Mandantengespräch: Linguistische Ergebnisse zum sprachlichen Handeln von Anwalt und Mandant, 2015.

fluss nehmen kann auf Eskalation oder Deeskalation eines Konfliktes.[31] *Pick* hat in ihrer Dissertation untersucht, wie die Interaktion zwischen Anwalt und Mandant produktiv gelingen und die unterschiedlichen Wissens- wie Sprachressourcen für eine effektive(re) Strategiebildung fruchtbar gemacht werden können.[32] Darüber hinaus gibt es mittlerweile eine reichhaltige Forschung zu Schlichtungs- und Mediationsverfahren, nicht nur in den Rechtswissenschaften,[33] sondern bereits seit über 30 Jahren in der konversationsanalytischen Konfliktlinguistik.[34] Wir wissen also mittlerweile recht genau, welche sprachlichen Handlungsformen – von der Wortwahl über die Gestik bis zur Prosodie – eher zur sprachlichen Gewalt oder zur Entschärfung von Auseinandersetzungen beitragen können. Wäre es nicht sinnvoll, ein solches Wissen standardmäßig in das juristische Examen zu integrieren? Schließlich wird nur ein Bruchteil der Jura-Absolventen tatsächlich Richter. Ein Großteil arbeitet nach dem Examen in Bereichen, in denen juristische Experten und Laien vielfach aufeinandertreffen.

Ein ähnliches Wissens- und Sprachgefälle findet sich übrigens in der Arzt-Patienten-Kommunikation.[35] Auch dort ist der Fachmann darauf angewiesen, bei der Diagnose die richtigen, d.h. adressatengerecht formulierten Fragen zu stellen oder Behandlungsrisiken verständlich und angemessen zu vermitteln. Nur wenn der Patient im Gespräch Vertrauen zum behandelnden Arzt aufbauen kann, kooperiert er auch bei der Suche nach geeigneten Heilmethoden. In der medizinischen Ausbildung hat man deshalb begonnen, entsprechende Lehreinheiten zur Übung erfolgreicher Arzt-Patienten-Gespräche in die Curricula zu integrieren.[36]

---

31 *Seyfarth/Kreuzer/Knott-Thiemann,* Anwaltliche Erstberatung und private Konfliktdynamik bei Trennung und Scheidung, Mitteilungsblatt der Arbeitsgemeinschaft Familienrecht (1) 1996, S. 39 ff.

32 *Pick,* Das anwaltliche Mandantengespräch: Linguistische Ergebnisse zum sprachlichen Handeln von Anwalt und Mandant (Fn. 30).

33 Haft u.a. (Hrsg.), Handbuch Mediation: Verhandlungstechnik, Strategien und Einsatzgebiete, 2. Aufl. 2009.

34 Überblick bei *Schwitalla,* Konflikte und Verfahren ihrer Bearbeitung, in: Brinker (Hrsg.), Text- und Gesprächslinguistik: Ein internationales Handbuch zeitgenössischer Forschung, 2001, S. 1374 ff.

35 *Spranz-Fogasy,* Die allmähliche Verfertigung der Diagnose im Reden: Prädiagnostische Mitteilungen im Gespräch zwischen Arzt und Patient, 2014.

36 Vgl. etwa das Projekt Medi-KIT an der Medizinischen Fakultät Heidelberg, http://www.medizinische-fakultaet-hd.uni-heidelberg.de/Medi-KIT.108137.0.html (12.03.2015).

Warum sollte man als angehender Jurist nicht auch erste Grundlagen für das Führen prozessualer Aufklärungsgespräche an die Hand bekommen? Wäre dem Erlernen und Beherrschen juristischer Fachrituale nicht auch die Fähigkeit zum adressatengerechten Herunterbrechen und Verbalisieren von fallrelevanten Fachkonzepten an die Seite zu stellen? Möglicherweise wäre hier ein Ansatz, der Entfremdung zwischen dem, was Laien für Recht halten und den tatsächlichen Prozeduren juristischer Spracharbeit, praktisch entgegenzuwirken.

Eine kurze Anekdote mag die Relevanz dieses Themas kurz illustrieren: Ein Fachanwalt für Arbeitsrecht berichtete mir von einem enttäuschten Klienten. Der Mandant habe ihm im Anschluss an eine mündliche Verhandlung vorgeworfen, kaum das Wort ergriffen zu haben. Der Richter habe immer nur die Gegenseite befragt und angehört. Der Anwalt habe ihm dann anschließend zu erklären versucht, dass dies für ihn eher ein gutes Signal gewesen sei: Penetrante Nachfragen des Richters seien eher ein Zeichen für lückenhafte Argumentation in den Schriftsätzen, auf die aber käme es an. Der Mandant habe diese Erklärung nicht gelten lassen, als Ausrede für mangelnde Fähigkeit gewertet und die weitere Kooperation verweigert. Hätte der Kollege den Mandanten im Vorfeld minimal vorbereitet, wäre das Missverständnis sicherlich vermeidbar gewesen.

VI. Zur Mediatisierung des Rechts

Mein letzter Punkt lässt sich insofern an das Thema Fach-Laien-Interaktion anschließen, als dass es heute zunehmend weniger den idealtypischen juristischen (und übrigens auch medizinischen) Volllaien gibt, sondern vielmehr den – wie ich ihn nennen möchte – »begoogelten Laien«. Ich meine damit, dass wir heute zu fast jedem Problem, und also auch zu juristischen Problemen, vor allem über das Internet leicht zugängliche, digitale Quellen befragen oder mit anderen Halb-Laien, Halb-Experten oder Fachexperten zum Beispiel in Online-Foren oder Social Media in Kontakt treten können. Das war vor zwanzig Jahren so noch nicht der Fall. Hintergrund ist die zunehmende globale Mediatisierung sämtlicher Lebensbereiche. Unter »Mediatisierung« verstehe ich mit *Krotz*

> »den Prozess sozialen und kulturellen Wandels, der dadurch zustande kommt, dass immer mehr Menschen immer häufiger und differenzierter ihr soziales und kommunikatives Handeln auf immer mehr ausdifferenzierte Medien beziehen. [...] Mediatisierung meint also, dass durch das Aufkommen und durch

die Etablierung von neuen Medien für bestimmte Zwecke und die gleichzeitige Veränderung der Verwendungszwecke alter Medien sich die gesellschaftliche Kommunikation und deshalb auch die kommunikativ konstruierten Wirklichkeiten, also Kultur und Gesellschaft, Identität und Alltag der Menschen verändern.«[37]

Im Kontext des Rechts schlägt sich die Mediatisierung zunächst in der Form der Daten- oder Textverarbeitung nieder.[38] Das heißt, für die Dogmatik relevante Texte werden immer öfter parallel oder sogar nur noch allein in kostenpflichtigen Datenbanken digitalisiert archiviert und zugänglich gemacht. Die intertextuelle Verflechtung juristischer Texte[39] kann durch Hypertext (technisch: »Links«) praktisch transparent gemacht werden. Was digital vorliegt, lässt sich mithilfe spezialisierter Suchmaschinen prinzipiell leichter finden, kopieren und einfügen. Es können Textbausteine gebildet, in separaten Dateien abgespeichert und in späteren Texten rekombiniert werden. Wie sich die Digitalität etwa auf die juristische Praxis vor Gericht auswirkt, ist bislang kaum empirisch untersucht. Wie etwa wirkt sich eine zunehmende Textbaustein-Technik auf die Beurteilungsqualität für den Einzelfall aus? *Morlok* diskutiert hierzu verschiedene Szenarien.[40]

Soweit ich sehe, werden Jurastudierenden oder Praktikern bislang auch noch keine Kompetenzen im Umgang mit Datenbanken oder »Google« vermittelt. Dabei ist eine digitale Recherchequelle bestenfalls immer nur so gut wie der Nutzer, der sie bedient. Wer prüft zum Beispiel die Relevanzkriterien, nach denen breit genutzte Datenbanken Entscheidungen aufnehmen oder nicht? Wer beherrscht die Möglichkeiten und Grenzen, auch die Tücken von speziellen Suchalgorithmen, potentiellen Programmierfehlern (»Bugs«) und dergleichen? Wie verbreitet ist das Wissen, dass

---

37 *Krotz,* Kultureller und gesellschaftlicher Wandel im Kontext des Wandels von Medien und Kommunikation, in: Thomas/Höhn (Hrsg.), Medienkultur und soziales Handeln, 2008, S. 44 ff.; vgl. auch *Krotz,* Die Mediatisierung kommunikativen Handelns: Der Wandel von Alltag und sozialen Beziehungen, Kultur und Gesellschaft durch die Medien, 2001.

38 Vgl. hierzu ausführliche die Beiträge in Vogel (Hrsg.), Zugänge zur Rechtssemantik: Interdisziplinäre Ansätze im Zeitalter neuer Medien (Fn. 24).

39 *Morlok,* Der Text hinter dem Text. Intertextualität im Recht, in: Blankenagel/Pernice/Kotzur (Hrsg.), Verfassung im Diskurs der Welt: Liber Amicorum für Peter Häberle zum siebzigsten Geburtstag, 2004, S. 93 ff.

40 *Morlok,* Intertextualität und Hypertextualität im Recht, in: Vogel (Hrsg.), Zugänge zur Rechtssemantik. Interdisziplinäre Ansätze im Zeitalter neuer Medien (Fn. 24).

Google zwar sucht, aber nicht nur dasjenige findet, was relevant ist, sondern wofür im Vorfeld auch mehr bezahlt wurde?

Screenshot einer Google-Suche mit automatischer Textergänzung

Ich kann diese Fragen hier nicht weiter diskutieren und möchte stattdessen den Blick auf neue, computergestützte (ich betone: computer*gestützte*, nicht computergesteuerte!) Methoden der Sprachgebrauchsanalyse werfen, die erst durch Textdigitalisierung möglich wurde.[41] Eine der wichtigsten Fragen juristischer Textarbeit ist ja im Grunde, wie ein bestimmtes Wort, eine Phrase oder auch eine Äußerung »auszulegen«, also zu interpretieren ist. Es kann dabei um Ausdrücke in Normtexten gehen oder auch um rechtlich zu bewertende Äußerungen (etwa bei Beleidigungen, mündlichem Vertragsschluss u.ä.). Wenn sie nicht ihre eigene Introspektion zugrunde legen, ist das Hilfsmittel, das Juristen genauso wie andere linguistische Laien dabei häufig zu Rate ziehen, das Wörterbuch. In ihm, so neh-

41 *Vogel,* Calculating legal meanings?: Drawbacks and opportunities of corpus assisted legal linguistics to make the law (more) explicit, in: Stein/Giltrow (Hrsg.), The pragmatic turn in law: Inference and interpretation, im Druck; *Vogel/Hamann,* Vom corpus iuris zu den corpora iurum – Konzeption und Erschließung eines juristischen Referenzkorpus, in: JuReKo: Jahrbuch der Heidelberger Akademie der Wissenschaften für 2014.

men sie meist irrtümlich an, sei die fragliche Bedeutung festgeschrieben. Tatsächlich aber dokumentiert ein gutes Wörterbuch lediglich auf Basis eigener Textsammlungen verschiedene Gebrauchsweisen von Ausdrücken. Dabei wird nur in Ausnahmefällen zwischen Fachsprachgebrauch und sogenanntem Gemeinsprachgebrauch unterschieden. Kurzum: Das Wörterbuch ist kein Garant, »the dictionary is not a fortress«[42], sondern bestenfalls auf vergangenen Sprachgebrauch beschränktes Indiz für *mögliche* Bedeutungen eines Ausdrucks.[43] Die Bedeutung eines Wortes, so wissen wir seit *Wittgenstein*,[44] ist sein regelhafter Gebrauch in der Sprache. Eine gute Bedeutungsanalyse hängt daher von der Qualität der zugrunde gelegten Textsammlungen und darin enthaltenen Gebrauchsbeispiele eines Ausdrucks ab. Woher also solche Textsammlungen, also qualitativ angemessene Korpora nehmen und wie lassen sich die ggf. tausenden Belege oder Gebrauchsbeispiele effektiv strukturieren?

Dieser Herausforderung stellt sich die computergestützte Korpuslinguistik,[45] die sowohl Kriterien für die Qualität von – vor allem digitalisierten – Korpora als auch Methoden der Strukturierung von sprachlichen Massendaten entwickelt. Die besondere Leistungsfähigkeit liegt in der technischen Umsetzung des wittgensteinschen Gebrauchsparadigmas, das heißt: im Transparent-Machen von rekurrenten Sprachgebrauchsmustern und damit verbundenen sprachlichen Gebrauchskontexten. Der nachfolgende Screenshot zeigt zum Beispiel eine sogenannte Konkordanzanalyse, die den Suchausdruck *Arbeitnehmer* aus rund 9000 Entscheidungen der Arbeitsgerichtsbarkeit in Sekunden heraussucht und zeilenweise anzeigt. Eine einfache alphabetische Sortierung der den Ausdruck umgebenden Kotexte zeigt sofort wiederkehrende Sprachmuster, die – so viel wird einem Arbeitsrechtler sofort klar – auf Sedimentierungen der Dogmatik zum *Arbeitnehmer*-Begriff hinweisen.

---

42 *Mouritsen,* The Dictionary Is Not a Fortress: Definitional Fallacies and a Corpus-based Approach to Plain Meaning, 2010.

43 Ebd.; *Lobenstein-Reichmann,* Medium Wörterbuch, in: Müller (Hrsg.), Politik, neue Medien und die Sprache des Rechts, 2007.

44 *Wittgenstein,* Logisch-Philosophische Abhandlung: Tractatus logicus-philosophicus; dem Andenken meines Freundes David H. Pinsent gewidmet (Fn. 9), § 40.

45 *Lemnitzer/Zinsmeister,* Korpuslinguistik: Eine Einführung, 2. Aufl. 2010; *McEnery/Wilson,* Corpus Linguistics: An introduction, 1997; Lydeling/Kytö (Hrsg.), Corpus linguistics: An international handbook, 2009.

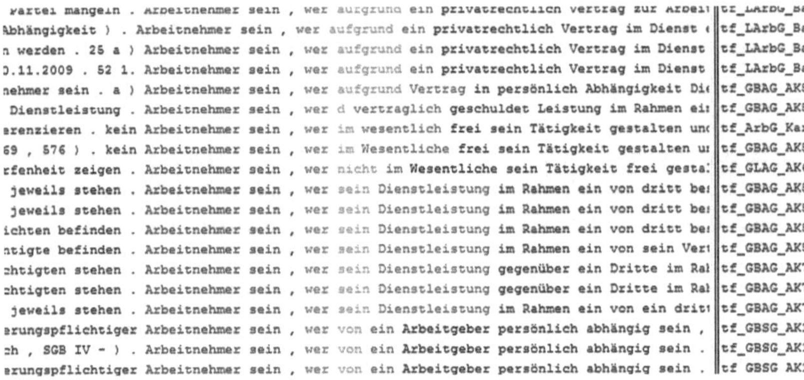

Screenshot einer Konkordanzanalyse mittels AntConc[46]

Noch raffinierter sind sogenannte Kookkurrenzanalysen. Kookkurrenzanalysen suchen einen bestimmten Ausdruck und zählen und gruppieren die ihn umgebenden Kotextwörter innerhalb eines bestimmten Intervalls. Die statistische Auswertung dieser sog. Kookurrenzpartner, also derjenigen Wörter, die überdurchschnittlich häufig mit dem Suchausdruck gemeinsam vorkommen, gibt also Hinweise auf wiederkehrende Gebrauchsweisen eines Ausdrucks.

46 *Anthony,* AntConc (3.2.4w) [Computer Software], http://www.antlab.sci.waseda.ac.jp/ (22.05.2013).

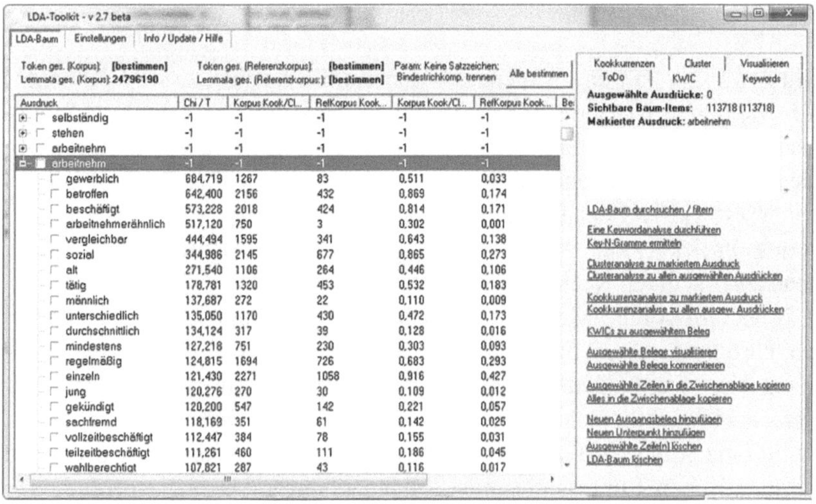

Kookurrenzen zu *arbeitnehm* im LDA-Toolkit[47]

Der Übersichtlichkeit halber lassen sich solche Kookurrenzanalysen auch als Netzwerkgraphen visualisieren, wie im folgenden Beispiel:

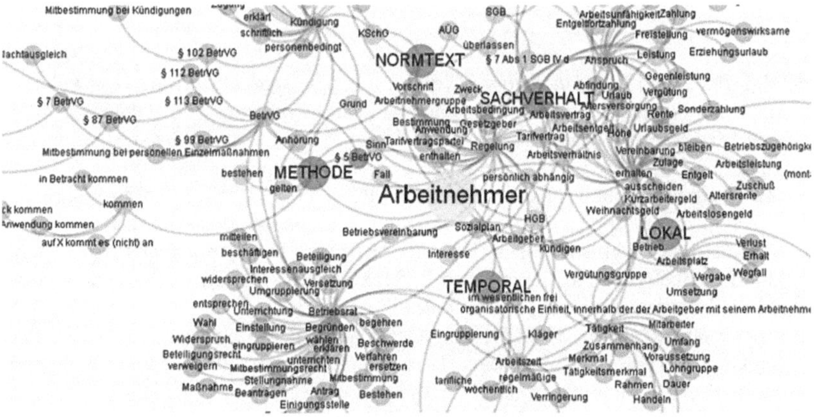

Netzwerk mehrgliedriger Kookkurenzpartner zu *arbeitnehm*

47 *Vogel,* Das LDA-Toolkit: Korpuslinguistisches Analyseinstrument für kontrastive Diskurs- und Imageanalysen in Forschung und Lehre, Zeitschrift für angewandte Linguistik 57 (1) 2012, S. 129 ff.

(eigene Darstellung mit Hilfe des Tools Gephi)[48]

Seit etwa vier Jahren versuche ich gemeinsam mit juristischen KollegInnen Methoden wie diese für eine »juristische Korpuspragmatik«[49] fruchtbar zu machen und zum Beispiel in der Gesetzgebung einzusetzen.[50] In diesem Kontext entsteht seit 2014 auch ein von *Hajo Hamann* und mir geleitetes sowie von der Heidelberger Akademie der Wissenschaften gefördertes Projekt zum Aufbau des weltweit ersten Referenzkorpus des deutschsprachigen Rechts (JuReko[51]).[52]

Inwiefern solche Methoden einmal Eingang in die juristische Methodenlehre im Studium finden können, ist derzeit noch nicht absehbar. Vielleicht aber wurde deutlich, dass sie die bisherige juristische Praxis der Sprachgebrauchsanalyse erweitern, idealiter datenbasiert kontrollieren und damit eine Kontrastfolie zum – wie es *Ralph Christensen* gerne ausdrückt – »juristischen Impressionismus« bilden können. Denn diese Methoden öffnen die Augen für die Musterhaftigkeit der juristischen Fachsprache und der maßgeblich durch Sprachgebrauchsmuster erst konstituierten und tradierten Dogmatik.

---

48 Vgl. *Bastians/Heymann/Jacomy,* Gephi: An Open Source Software for Exploring and Manipulating Networks: International AAAI Conference on Weblogs and Social Media, http://www.aaai.org/ocs/index.php/ICWSM/09/paper/view/154 (04.06.2014).

49 Zur Korpuspragmatik allgemein: Felder/Müller/Vogel (Hrsg.), Korpuspragmatik: Thematische Korpora als Basis diskurslinguistischer Analysen, 2012; zur juristischen Korpuspragmatik vgl. auch *Vogel,* Juristische Korpuspragmatik: Konzeption und Erschließung eines juristischen Referenzkorpus (JuReKo) - Projektdokumentation, http://www.korpuspragmatik.de (12.03.2015).

50 *Vogel,* Das Recht im Text: Rechtssprachlicher Usus in korpuslinguistischer Perspektive, in: Felder/Müller/Vogel (Hrsg.), Korpuspragmatik: Thematische Korpora als Basis diskurslinguistischer Analysen (Fn. 49); *Vogel,* Calculating legal meanings?: Drawbacks and opportunities of corpus assisted legal linguistics to make the law (more) explicit (Fn. 41); *Vogel/Christensen/Pötters,* Richterrecht der Arbeit – empirisch untersucht: Möglichkeiten und Grenzen computergestützter Textanalyse am Beispiel des Arbeitnehmerbegriffs, 2015.

51 vgl. https://www.cal2.eu.

52 *Vogel/Hamann,* Vom corpus iuris zu den corpora iurum – Konzeption und Erschließung eines juristischen Referenzkorpus (Fn. 41); *Vogel,* Juristische Korpuspragmatik: Konzeption und Erschließung eines juristischen Referenzkorpus (Fn. 49).

VII. Fazit

Der vorliegende Beitrag versucht mehr kursorisch vorzustellen, welche Kernaspekte ich für ein stärker sprachreflexives Jurastudium und damit für die Kompetenz, im Zeitalter der Mediatisierung Recht sprechen zu können, für relevant halte. Natürlich ließe sich aus jedem dieser fünf Punkte ein eigenes Buch schreiben. Um an dieser Stelle auch praktisch weiter zu kommen, ist der weitere interdisziplinäre Austausch zwischen Rechtslinguisten, Juristen und Didaktikern unabdingbar. Im Verbund etwa ein Kerncurriculum zu entwickeln und in gemeinsamen Projektseminaren zu erproben, wäre höchst reizvoll und der Sache nur angemessen. Denn – um hier nicht einen falschen Eindruck zu hinterlassen – auch in der Linguistik täte man gut daran, den Studierenden auf einer Metaebene und nicht nur implizit zu zeigen, wie man linguistisch ‚gut' zu schreiben lernt.

In Mehrsprachigkeit lernen – auch beim Recht sprechen lernen

Ingrid Gogolin

I. Vorbemerkung

Migration ist ein Grundmerkmal der Gegenwartsgesellschaften. Die Bundesrepublik Deutschland in ihrem alten und neuen Zuschnitt gehört zu den Staaten, die meist mit einer positiven Wanderungsbilanz aufwarten können – oder anders gesagt: die für Zuwanderer attraktiv sind. Das Phänomen der Migration an sich ist dauerhaft; aber Strukturmuster und konkrete Formen der Mobilität von Menschen, und damit auch die Anforderungen an individuelle und gesellschaftliche Integrationsleistungen, verändern sich über die Zeit. Im ersten Teil meines Beitrags werden die Modifizierungen in groben Strichen nachgezeichnet, die sich in den Migrationsmustern des letzten halben Jahrhunderts erkennen lassen. Die Darstellung wird anhand der sprachlichen Lage in Deutschland illustriert, soweit darüber Erkenntnisse vorliegen. Vor diesem Hintergrund werden anschließend einige Konsequenzen dieser Entwicklungen für Kindheit und Jugend in der Migrationsgesellschaft vorgestellt. Hier liegt der Fokus auf Fragen der sprachlichen Entwicklung und Bildung in der Migrationsgesellschaft. Dabei werden Prinzipien didaktischen Handelns, die sich für sprachliche Bildung in allgemeinbildenden Schulen bewährt haben, angesprochen.

Sprache spielt auch eine wichtige Rolle für den Studienerfolg in allen Studienfächern. Hochschulen operierten lange mit der schlichten Annahme homogener, für ein Studium adäquater Sprachkenntnisse bei Studierenden. Dies aber, wenn es denn jemals gerechtfertigt war, kann in der Migrationsgesellschaft kaum noch überzeugen. Die Konstellation der Mehrsprachigkeit, die eine Heterogenität der sprachlichen Voraussetzungen unweigerlich mit sich bringt, gehört auch zu den Rahmenbedingungen der Bildung an Universitäten und Hochschulen. Insbesondere für Fächer, die im Kern sprachgebunden sind – wie die Jurisprudenz – müssen Konzepte der Adaption an diese Rahmenbedingungen der Lehre entwickelt werden.

II. Migration in die Bundesrepublik Deutschland – alte und neue Muster

Seit dem ersten Tag des Bestehens der Bundesrepublik Deutschland ist dieses Land durch Migration geprägt.[1] Dabei halten sich Zu- und Abwanderung nur zu wenigen Zeitpunkten der Entwicklung die Waage; überwiegend wurde eine positive Wanderungsbilanz verzeichnet – die Zahl der Zuwandernden überstieg also die der weiter- oder auswandernden Menschen. In Relation zur Bevölkerungszahl ist die Bundesrepublik Deutschland seit Ende der 1990er Jahre das zweitattraktivste Zuwanderungsland der Welt (nach den USA).[2] Die folgende Abbildung illustriert die Entwicklung der 1990er Jahre bis 2014:

Abb. 1: Wanderungsbilanz BRD 1991 bis 2014. Eigene Darstellung auf der Basis von Daten des Statistischen Bundesamtes (www.destatis.de, 5.11.2015).

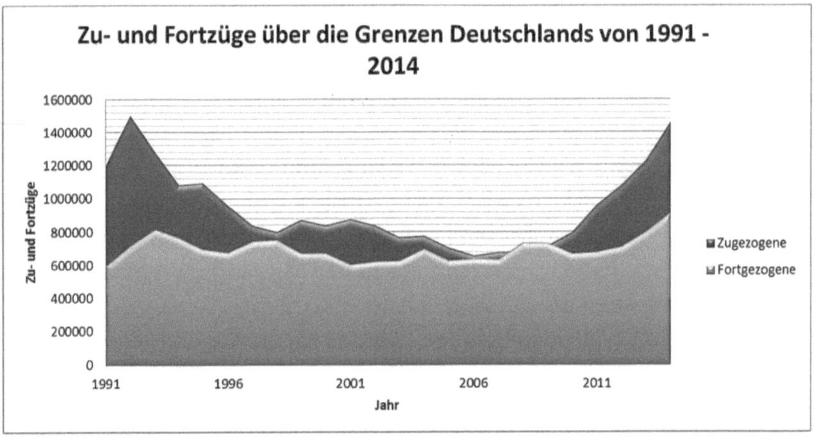

1 Selbstverständlich nicht erst seither, aber es bietet sich an, die Darstellung hier auf die Zeit seit Ende des Zweiten Weltkriegs zu begrenzen. Hingewiesen sei darauf, dass die Schilderung absichtlich bis 1989 auf die ‚alte' Bundesrepublik Deutschland konzentriert ist, da das Migrationsgeschehen in der DDR quantitativ eher der Vernachlässigung wert ist. Zur Geschichte der Migration nach Deutschland im historischen Überblick über die vergangenen zwei Jahrhunderte vgl. *Oltmer*, Migration im 19. und 20. Jahrhundert, 2. Aufl. 2013.

2 *OECD*, International Migration Outlook 2015, 2015.

Dass das Phänomen der Migration als solches Kontinuität besitzt, aber in seinen einzelnen Ausprägungen diskontinuierlich und unvorhersehbar ist, illustrieren die in der Graphik eingetragenen Gipfel und Täler. Anlass für größere Auswanderungsbewegungen bilden zumeist Kriege oder anders ausgelöste existenzielle Nöte von Menschen. Allerdings greifen ökonomische Modelle der Erklärung von Migration zu kurz. Sie übersehen vielfältige Motive sozialer und kultureller Art, die auch jenseits von materiellen Notlagen Menschen veranlassen, sich auf den Weg an einen neuen Lebensort zu machen.[3] In der Regel ist Migration nicht das Projekt eines einzelnen Menschen, sondern das einer – wie auch immer verstandenen – Familie oder Gruppe, deren Mitglieder sich mit teilweise erheblichen Zeitabständen auf den Weg machen.[4] Insbesondere die rechtliche Bedingung, dass legale Einwanderung faktisch auf den Modus der Familienzusammenführung reduziert ist, wie dies etwa für Migranten aus Drittstaaten in die EU der Fall ist, zieht Zuwanderung über Generationen hinweg nach sich. Zudem wird zunehmend das Phänomen beobachtet, dass Migranten ein offenes Migrationskonzept verfolgen. Der Migrationsprozess ist dann nicht als einmaliger Wechsel von einem in ein anderes Land projektiert, also aus Aus- und Einwanderung bestehend, sondern wird unabgeschlossen gehalten und schließt die Option der Rück- oder Weiterwanderung mindestens eines Teils der Mitglieder des Migrationsprojekts ein. Es bilden sich »transnationale soziale Räume« der Vergesellschaftung und Kommunikation, an denen Menschen partizipieren, die – mehr oder weniger weit zurückliegend – das gemeinsame Merkmal einer Herkunft haben, aber nicht den aktuellen Lebensraum teilen.[5]

Migration als kontinuierliches Phänomen wird in der breiten Öffentlichkeit (nicht nur) der Bundesrepublik Deutschland indes kaum wahrgenommen. Dies wird an den öffentlichen Reaktionen auf die steigende Flüchtlingszuwanderung seit ca. 2012 – die zunächst primär die Mittelmeeranrainerstaaten Italien und Griechenland erreichte, seit 2014 auch vermehrt Deutschland betrifft – eindrücklich sichtbar. Redeweisen von Zuwanderung als ‚Krise', ‚Katastrophe' und politische Reaktionen darauf sind re-

---

3 Koopmans/Lancee/Schaffer (Hrsg.), Social Cohesion and Immigration in Europe and North America – Mechanisms, Conditions, and Causality, 2015.

4 *Güveli u.a.*, Intergenerational Consequences of Migration: Socioeconomic, Family and Cultural Patterns of Stability and Change in Turkey and Europe, 2016.

5 *Pries*, Transnationalisierung – Theorie und Empirie grenzüberschreitender Vergesellschaftung, 2010.

gelmäßig zu beobachten, wenn größere Anstiege von Zuwandererzahlen zu verzeichnen sind. Eine Pressemeldung wie diese

> »Soldaten an die Grenzen. Der Zuzug von Asylbewerbern und illegalen Einwanderern erreicht neue Rekorde, in Deutschland entsteht massiver Fremdenhaß. Ausländerbehörden, Grenzschutz und Justiz sind dem Ansturm kaum noch gewachsen. Können die oft jahrelangen Asylverfahren auch ohne Verfassungsänderung beschleunigt werden?«

könnte aus dem Jahr 2015 stammen. Tatsächlich handelt es sich um Schlagzeile und Aufmacher eines Artikels aus *Der Spiegel* (Heft 37) vom 9.9.1991. Dass es wiederkehrend Phasen gibt, in denen sich Menschen in größerer Zahl auf den Weg an andere Lebensorte machen, scheint nicht Gegenstand des öffentlichen Gedächtnisses zu sein. In großen Teilen der Bevölkerung, aber auch in Institutionen und im Feld der Politik gilt Migration eher als Ausnahmezustand denn als andauerndes, ‚normales' Phänomen größeren oder geringeren Ausmaßes.

Während das Phänomen der Migration als solches kontinuierlich ist, ändern sich über die Zeit die Muster, in denen sie sich vollzieht. Im Rückblick auf das letzte halbe Jahrhundert werden solche Veränderungen deutlich; darin kommt unter anderem zum Ausdruck, dass technische, ökonomische und politische Entwicklungen die Möglichkeiten der grenzüberschreitenden Mobilität von Menschen tendenziell erleichtern. In den 1950er Jahren bis in die 1970er Jahre hinein wanderten – u.a. infolge von Gastarbeiteranwerbeverträgen – relativ große Gruppen von Arbeitsuchenden aus insgesamt wenigen Regionen der Welt aus und in relativ wenige Regionen der Welt ein. In Europa waren im Wesentlichen die Mittelmeeranrainerstaaten Auswanderungsländer; die nordwesteuropäischen Staaten hingegen Einwanderungsländer. Dieses Muster hat sich stark gewandelt. Heute geschieht Auswanderung aus faktisch allen Staaten der Welt, und die meisten Staaten sind zugleich Empfänger von Migration – wenngleich es sich dort, wo der Wohlstand geringer ist, in der Regel eher um Durchwanderung als um Zuwanderung mit Bleibeabsicht handelt. Gleichzeitig werden die Zahlen der Menschen aus einer Region, die sich zusammen in einem Zuwanderungsgebiet niederlassen, geringer. Dieses neue Migrationsmuster führt zu einer Vermehrung der Sprachen und kulturellen Traditionen, die auf dem Territorium der Zuwanderung zugegen sind, bei gleichzeitig geringeren Gruppengrößen der Migranten einer Herkunft.

In Deutschland werden in den amtlichen Statistiken seit den 2000er Jahren ca. 190 Staaten als Herkunftsländer von Migranten registriert. Die Gesamtzahl der Staaten der Welt ist zwar nicht unumstritten, weil hier immer politische Grundentscheidungen im Hintergrund stehen. Legt man jedoch als eine weithin anerkannte Grundlage die Liste der UN-Mitgliedstaaten zugrunde, so existieren 2015 weltweit insgesamt 193 Staaten.[6] Da die weit überwiegende Zahl dieser Staaten mehrsprachig ist,[7] ist es wahrscheinlich, dass die Zahl der Sprachen, die in Deutschland gesprochen werden, die 200er Grenze übersteigt.

Es ist mithin eine Begleiterscheinung der jüngeren Muster der Migration, dass die sprachliche und kulturelle Heterogenität in den Aufnahmeregionen zunimmt. Andere Motoren der Herstellung von Verschiedenheit in der Migrantenbevölkerung sind rechtlicher und sozio-ökonomischer Art.[8] In dem jeweils gewährten Aufenthaltsstatus drückt sich unter anderem aus, ob eine Zuwanderergruppe politisch erwünscht ist oder nicht. Auch dies ändert sich über die Zeit. Während seit den 1950er Jahren etwa zwei Jahrzehnte lang vor allem Arbeiterinnen und Arbeiter gezielt angeworben wurden, die Tätigkeiten mit niedrigen Qualifikationsvoraussetzungen ausüben sollten, sind es im 21. Jahrhundert Studierende, Fachkräfte und Hochqualifizierte – z.B. IT-Spezialisten oder Pflegepersonal – , die Deutschland anziehen möchte. In diesen Veränderungen symbolisiert sich auch die Ambivalenz, die historisch immer schon mit Migration verbunden ist. Auf der einen Seite werden Vorkehrungen geschaffen, die den Zuzug erwünschter Gruppen erleichtern. Auf der anderen Seite gibt es politisch unerwünschte, aber faktisch unvermeidliche Formen der Zuwanderung, die zu prekären Rechtsstatus und sozio-ökonomischen Lagen führen – verbunden zumeist mit der Verweigerung von Berechtigungen bzw. Maßnahmen, die die gesellschaftliche Teilhabe in der Region der Zuwanderung fördern könnten.[9]

---

6 *United Nations*, Member States of the United Nations, http://www.un.org/en/members/index.shtml (22.11.2015).

7 Lewis/Simons/Fennig (Hrsg.), Ethnologue: Languages of the World, 18. Aufl. 2015.

8 *Beauftragte der Bundesregierung für Migration, Flüchtlinge und Integration*, 10. Bericht der Beauftragten der Bundesregierung für Migration, Flüchtlinge und Integration über die Lage der Ausländerinnen und Ausländer in Deutschland, 2014, https://www.bundesregierung.de/Content/DE/_Anlagen/IB/2014-10-29-Lagebericht-lang.pdf?__blob=publicationFile&v=4 (11.12.2015); Über die Fülle der Rechtsvorkehrungen, die die zeitlich befristete oder dauerhafte Zuwanderung nach Deutschland erlauben, muss im Kontext dieser Publikation nicht berichtet werden.

9 *Söhn*, Rechtsstatus und Bildungschancen – Die staatliche Ungleichbehandlung von Migrantengruppen und ihre Konsequenzen, 2011.

Im Versuch, die Komplexität des Geschehens auf den Begriff zu bringen, die sich mit den Mustern und der Dynamik der Migration der jüngeren Zeit verbinden lässt, schlug der Sozial-Anthropologe *Steven Vertovec* den Arbeitsbegriff »Super-Diversität«[10] vor. Damit soll angedeutet sein, dass sich *Verschiedenheit* von Menschen und Konstellationen, in denen sie leben, im historischen Muster der dichotomen Kategorisierung von Merkmalen nicht mehr fassen lässt:

> »Super-diversity is a term coined to portray changing population configurations particularly arising from global migration flows over the past thirty-odd years. The changing configurations not only entail the movement of people from more varied national, ethnic, linguistic and religious backgrounds, but also the ways that shifts concerning these categories or attributes coincide with a worldwide diversification of movement flows through specific migration channels (such as work permit programmes, mobilities created by EU enlargement, ever-changing refugee and 'mixed migration' flows, undocumented movements, student migration, family reunion, and so on); the changing compositions of various migration channels themselves entail ongoing differentiations of legal statuses (conditions, rights and restrictions), diverging patterns of gender and age, and variance in migrants' human capital (education, work skills and experience).«[11]

Ein Moment der komplexen Gemengelage, die mit der Metapher der Super-Diversität ausgedrückt werden soll, ist sprachliche Diversität. Allerdings ist, wie bereits angedeutet, das verlässliche Wissen über die gegenwärtige sprachliche Textur in Deutschland gering. Hauptgrund dafür ist, dass hierzulande – aus historisch nachvollziehbaren Gründen – in der Regel keine ethnisch-kulturellen Klassifizierungen in amtlichen oder öffentlichen Statistiken erfasst werden. Das Phänomen der Zuwanderung wird in der Bevölkerungsstatistik lediglich mit dem Merkmal der Staatsangehörigkeit erfasst. Seit dem Jahr 2005 wird im Rahmen des Mikrozensus, also der regelmäßigen Repräsentativerhebung des Statistischen Bundesamtes, die Kategorie ‚Migrationshintergrund' mitgeführt. Einen solchen besitzen nach dieser Definition alle nach 1949 in die heutige BRD zugewanderten Personen und alle in Deutschland Geborenen mit zumindest einem zugewanderten oder als Ausländer in Deutschland geborenen Elternteil. Anders

---

10 *Vertovec*, Super-diversity and its implications, Ethnic and Racial Studies 29 (2007), S. 1024 ff.

11 *Meissner/Vertovec*, Comparing super-diversity, Ethnic and Racial Studies 38 (2014), S. 541 (542).

als in anderen Einwanderungsländern, werden weitere Indikatoren, etwa Sprache, in den amtlichen Statistiken nicht erfasst.[12]

Annäherungen an eine Einschätzung der sprachlichen Lage in Deutschland ermöglichen Untersuchungen der Bildungsforschung, etwa internationale Schulleistungsvergleichsstudien wie PISA.[13] Hier wird die Frage gestellt, ob die untersuchten Schülerinnen und Schüler außer Deutsch, also der vorherrschenden Sprache der Schule, andere Sprachen in der Familie sprechen. Die Daten erlauben eine Schätzung des Anteils der Mehrsprachigen an der Schülerschaft, geben aber keine Auskunft darüber, wie viele und welche Sprachen präsent sind. Andere Näherungen ergeben sich durch Regionalstudien zur Zahl der Sprachen; allerdings stammt die letzte Erhebung dieser Art in Deutschland, aus dem Jahr 2001.[14] Hier wurde ermittelt, dass von den Schülerinnen und Schülern in Grundschulen der Freien und Hansestadt Hamburg ca. 80 verschiedene Sprachen außer dem Deutschen in der Familie gesprochen wurden. Eine jüngere Quelle für Schätzungen ergibt sich durch die Frage nach der Familiensprache, die Eltern in einigen Bundesländern beantworten müssen, wenn sie ihre Kinder in Schulen anmelden. Zu diesen Ländern gehört Hamburg, wo seit 2009 bei der Neuanmeldung von Schülerinnen und Schülern entsprechende Angaben erhoben werden. Im ersten Erhebungsjahr 2009 wurden 92 Sprachen ermittelt (von Afrikaans bis Zaza); hinzu kommt eine offene Kategorie ‚sonstige'. 2014 waren es 100 Sprachen plus ‚sonstige'. Erwartungsgemäß ist die Sprachenvielfalt in den Grundschulen am höchsten, und am niedrigsten in Gymnasien – aber auch für diese lassen die Daten eine steigende Tendenz erkennen.[15] Freilich ist angesichts der vorliegenden Informationen über die Herkunftsländer von Migranten davon auszugehen, dass hier eine Unterschätzung vorliegt, denn auch in Hamburg stammen die

---

12 Zur Erfassung von Indikatoren für Zuwanderung und ihrer internationalen Vergleichbarkeit siehe *OECD*, Integration von Zuwanderern: Indikatoren 2015, 2015.

13 Vgl. z.B. *OECD*, PISA 2012 Ergebnisse – Was Schülerinnen und Schüler wissen und können, Band I, überarbeitete Ausgabe 2014.

14 *Fürstenau/Gogolin/Yagmur*, Mehrsprachigkeit in Hamburg – Ergebnisse einer Sprachenerhebung an den Grundschulen in Hamburg, 2003.

15 Die Daten sind einer Sonderauswertung entnommen, die mir das Referat Datenmanagement der Behörde für Schule und Berufsbildung, Freie und Hansestadt Hamburg, am 6.8.2015 freundlicherweise zur Verfügung gestellt hat.

Zugewanderten aus beinahe allen Staaten der Welt.[16] Näher an der Realität – mindestens von Großstädten – werden Daten sein, die beispielsweise aus England vorliegen. Hier wurden für London ca. 250 Sprachen ermittelt, die außer Englisch von Schülerinnen und Schülern gesprochen werden.[17] Ein anderes Beispiel kommt aus der Stadt Manchester, wo im Jahr 2014 ca. 200 Sprachen in der Bevölkerung gezählt wurden.[18]

III. Kindheit und Jugend – Erfahrungen in der ‚super-diversen' Gesellschaft

Alle Kinder und Jugendlichen, die heute in Deutschland heranwachsen, machen – wenn auch mit unterschiedlicher Intensität – Erfahrungen mit kultureller, sprachlicher und sozialer Diversität. Besonders eindringlich dürften die Erfahrungen derjenigen sein, die selbst migriert sind oder deren Familie auf eine Migrationsgeschichte zurückblickt. Sie besitzen in der Regel Primärerfahrung mit kulturellen Traditionen der Herkunft in den durch Migration beeinflussten Formen, und ihre eigene Sprachpraxis schließt den mehr oder weniger intensiven Einsatz der – gleichfalls durch Migration beeinflussten – Varianten der Herkunftssprachen ein. Die aus ‚klassischen' Migrationskontexten, vor allem aus den USA berichtete Beobachtung, dass Migranten ihre Herkunftssprachen spätestens in der dritten Generation aufgeben, scheint auf die heutige Situation nicht mehr zuzutreffen. Zwar verändern sich Form und Einsatz der Herkunftssprachen unter dem Einfluss der umgebenden Mehrheitssprache, aber für die Mehrheit der Migranten behalten die mitgebrachten Sprachen Gewicht und Funktion auch über Generationen hinweg.[19]

Dafür sind einerseits die oben besprochenen veränderten Muster der Migration mitverantwortlich. Generationenübergreifende Migrationsprojekte und transnationale Migration sorgen dafür, dass die Herkunftsspra-

---

16 Gründe für die Schwierigkeiten, valide Informationen von Individuen über ihre Sprachen zu gewinnen, sind in Extra/Gorter (Hrsg.), Multilingual Europe – Facts and Policies, 2008 dargestellt.

17 *Eversley u.a.*, Language Capital – Mapping the languages of London's school children, 2010.

18 Multilingual Manchester: A Fact Sheet, http://mlm.humanities.manchester.ac.uk/wp-content/uploads/2014/04/MLMFactsheet.pdf (05.11.2015).

19 *Gogolin*, Stichwort Mehrsprachigkeit, Zeitschrift für Erziehungswissenschaft 13 (2010), S. 529 ff.

chen ihre Funktionalität für die Kommunikation behalten, ohne dabei in Konkurrenz mit der umgebenden Mehrheitssprache zu treten. Andererseits wird diese Entwicklung durch Technik gefördert. Die verfügbaren elektronischen Medien machen die Aufrechterhaltung von Kommunikationsbeziehungen über weite Räume hinweg bei geringem Kostenaufwand jederzeit möglich.

Diese Entwicklungen tragen zur Vitalität der Herkunftssprachen beträchtlich bei, was dazu führt, dass Kinder und Jugendliche mit Migrationshintergrund, die in Deutschland aufwachsen, in der Regel in »lebensweltlicher Mehrsprachigkeit« leben.[20] Dabei handelt es sich um eine Form der Mehrsprachigkeit, die nicht allein durch Unterricht zustande kommt, sondern vor allem dadurch, dass ein Mensch alltäglich in mehr als einer Sprache lebt. Im Kontext von Migration sind die mitgebrachten Herkunftssprachen und die allgemeine Verständigungssprache Deutsch relevant. Diese Sprachen sind für Menschen mit Migrationshintergrund in unterschiedlichen Bereichen des alltäglichen Lebens funktional. Der öffentliche Raum – dazu gehört der Bildungsbereich – ist weitgehend von der deutschen Sprache bestimmt. Im Privaten, aber auch in Ausschnitten des öffentlichen Raums (zum Beispiel in herkunftssprachlichen Medien oder Wirtschaftsunternehmen) sind die Sprachen der Herkunft präsent. Heranwachsende mit Migrationshintergrund leben daher in mehr oder weniger ausgeprägten Mehrsprachigkeitskonstellationen und bringen Erfahrungen daraus in den Bildungsprozess mit. Ihre sprachlichen Fähigkeiten sind komponiert aus den mitgebrachten Sprachen ihrer Familien (Herkunftssprachen), dem Deutschen als umgebender allgemeiner Verständigungssprache und der oder den in der Schule vermittelten Fremdsprache(n).[21]

Auch die Kinder und Jugendlichen, die in deutsch-einsprachigen Familien leben, machen Mehrsprachigkeitserfahrungen durch das Lernen von Fremdsprachen in der Schule, und sie besitzen zunehmend alltägliche Spracherfahrungen in der Kommunikation mit mehrsprachig lebenden Mitschüler(inne)n und Freunden, in Medien oder auf Reisen. Mehrsprachigkeit ist also eine Kontextbedingung des Bildungsprozesses, die die

20 *Gogolin*, Erziehungsziel Zweisprachigkeit – Konturen eines sprachpädagogischen Konzepts für dic multikulturelle Schule, 1988.

21 *Gogolin/Brandt*, Zum Erwerb der CLIL-Fremdsprache durch Schülerinnen und Schüler mit Mirgrationshintergrund, in: Rüschoff/Sudhoff/Wolff (Hrsg.), CLIL Revisited – Eine kritische Analyse zum gegenwärtigen Stand des bilingualen Sachfachunterrichts, 2015, S. 127 ff.

Lebens- und Lernbedingungen von Schüler(inne)n unterschiedlich stark prägt. Zugleich ist Mehrsprachigkeit eine Zielperspektive schulischer Bildung. Zu den bildungspolitischen Zielen, die sich Deutschland im Einklang mit den anderen Mitgliedern der Europäischen Union gesetzt hat, gehört es, dass alle Schüler(innen) Fähigkeiten in drei Sprachen erreichen sollen.[22]

IV. Risiken

Es ist in der deutschen Bildungsforschung (nachvollziehbarerweise) üblich, die Folgen der Migration für Erziehung und Bildung unter negativen Vorzeichen zu betrachten. Migranten werden generell zur ‚Risikogruppe' in der Schülerschaft gezählt. Tatsächlich zeigen die einschlägigen Studien wiederkehrend die Benachteiligung der Schülerinnen und Schüler mit Migrationshintergrund gegenüber ihren altansässigen Mitschüler(inne)n an. So ergeben großangelegte Schulleistungsuntersuchungen, dass Migranten in den mathematischen und naturwissenschaftlichen Fächern durchschnittlich geringere Testleistungen erzielen als Nichtmigranten; auch wenn die Rückstände in den jüngeren Studien nicht mehr so deutlich sind wie zu Beginn der 2000er Jahre, sind sie immer noch erheblich.[23] Bildungsbenachteiligung zeigt sich auch in anderen Indikatoren, wie etwa den Besuchsquoten von Gymnasien bzw., im negativen Fall, von Sonderschulen für Lernbehinderte, oder im Anteil der Schüler(innen), die die Schule mit einer Hochschulzugangsberechtigung abschließen bzw., auch hier dem negativen Fall, ohne jeden Abschluss verlassen. Migranten sind über die Schulformen und Bildungsabschlüsse nicht normalverteilt, also so, wie es ihrem Anteil an der Schülerschaft entspräche; vielmehr sind sie in niedrig

---

22 Obwohl die entsprechenden Empfehlungen der EU die Herkunftssprachen von Migranten ausdrücklich einschließen, gibt es nur sehr geringe öffentliche Unterstützung ihres Erhalts von Seiten der Aufnahmeländer. Siehe hierzu *Gogolin/ Oeter,* Sprachenrechte und Sprachminderheiten? – Übertragbarkeit des internationalen Sprachenregimes auf Migrant(inn)en, RdJB 2011, S. 30 ff.

23 Prenzel u.a. (Hrsg.), PISA 2012 – Fortschritte und Herausforderungen in Deutschland, 2013.

qualifizierenden Bildungsgängen erheblich über-, hingegen in hochqualifizierenden Bildungsgängen noch deutlicher unterrepräsentiert.[24]

In den Analysen der Bildungsforschung hat es sich eingebürgert, in der sprachlichen Lebenslage der Schülerinnen und Schüler mit Migrationshintergrund eine Ursache für die Bildungsbenachteiligung auszumachen. In den entsprechenden Untersuchungen zeigen sich wiederkehrend Korrelationen zwischen der Angabe, dass in der Familie (auch) eine andere Sprache als Deutsch gesprochen wird, und dem schwächeren Abschneiden in Leistungstests. Eine Grundlage dafür, dies als Kausalzusammenhang zu interpretieren, ergibt sich aus den dazu vorliegenden Daten indes nicht. In Studien, die sich gezielt auf die Klärung von Zusammenhängen zwischen der oder den in der Familie gesprochenen Sprache(n) und den schulischen Leistungen richteten, zeigte sich vielmehr, dass es (so gut wie) irrelevant zu sein scheint, *welche* Sprachen gebraucht werden. Entscheidende Einflussgröße auf Bildungserfolg ist vielmehr die *Form* der familialen Sprachpraxis. Wenn Familien bildungsnahe Formen der Kommunikation pflegen, insbesondere, wenn sie ihre Kinder in den Umgang mit Schrift sozialisieren, besitzt dies – unabhängig von der oder den dabei benutzten Sprache(n) – förderliche Wirkungen auf Bildungserfolg. Wenn hingegen keine Nähe zu bildungsrelevanten Formen der Kommunikation besteht, ist dies nachteilig für Bildungserfolg – auch dann, wenn nur die Sprache der Schule in der Sprachpraxis der Familie vorkommt.[25] Eine kürzlich abgeschlossene Untersuchung zum Vergleich der jeweiligen familialen Einflussfaktoren auf Bildungserfolg von Schülerinnen und Schülern vietnamesischer, türkischer und deutscher Herkunft kam zu dem Resultat, dass bei Kontrolle sämtlicher anderen relevanten Faktoren – wie sozio-ökonomischer Status, kulturelles Kapital und kognitive Grundfähigkeiten – die in der Familienkommunikation benutzte(n) Sprache(n) nicht auf den Bildungserfolg der Kinder durchschlagen.[26]

---

24 *Autorengruppe Bildungsberichterstattung*, Bildung in Deutschland 2014 – Ein indikatorengestützter Bericht mit einer Analyse zur Bildung von Menschen mit Behinderungen, 2014.

25 *Leseman u.a.*, Home literacy as special language environment to prepare children for school, Zeitschrift für Erziehungswissenschaft 10 (2007), S. 334 ff.

26 *Nauck/Schnoor*, Against all odds? – Bildungserfolg in vietnamesischen und türkischen Familien in Deutschland, Kölner Zeitschrift für Soziologie und Sozialpsychologie 67 (2015), S. 633 ff.

V. Chancen

Eine allein auf Nachteile gerichtete Betrachtungsweise zeigt jedoch nicht das ganze Bild der Folgen von Migration für Erziehung und Bildung. Komplementär zu nachteiligen Lebensumständen, die Bildungsungleichheit im Migrationskontext erklären können, zeigen sich in etlichen Studien positive Voraussetzungen für Bildungs- und Integrationserfolg, die mit Migration an sich, aber auch mit der speziellen sprachlichen Lage von Migranten einhergehen. Jenseits notwendiger Differenzierungen der ‚Gruppe' der Migranten ist grundsätzlich davon auszugehen, dass man es mit einer aufwärtsmobilen Bevölkerung zu tun hat. Das ‚Migrationsprojekt' rechtfertigt sich nur, wenn sich der davon erhoffte Gewinn einer höheren Lebenszufriedenheit, Sicherheit und möglichst auch guten ökonomischen Lage einstellt. Zu den Indikatoren, die diese Disposition anzeigen, gehören die hohe Bildungsaspiration von Migranteneltern und ihre große Bereitschaft, in Bildungserfolge ihrer Kinder zu investieren. Sie zeigen sich wiederkehrend in Untersuchungen; die entsprechenden Werte übersteigen regelmäßig diejenigen, die in altansässigen Familien ermittelt werden.[27] Auch stellt sich immer wieder heraus, dass Schülerinnen und Schüler mit Migrationshintergrund eine höhere Lernmotivation besitzen, als ihre nichtgewanderten Klassenkamerad(inn)en; dies gilt auch dann, wenn sie zuvor eher negative Schulerfahrungen gemacht haben.[28] Zu den Hinweisen auf positive Voraussetzungen für Bildungserfolg gehört auch, dass ein Bildungsaufstieg über die Generationen hinweg rascher vonstattengeht als in altansässigen Familien. Während Nichtgewanderte aus Familien niedrigen Bildungsstatus zwei oder mehr Generationen benötigen, um einen höheren Bildungsstatus zu erreichen, zeigt sich dies bei Jugendlichen aus Migrantenfamilien oft bereits nach einer Generation.[29] Am Beispiel von Studierenden lässt sich dies illustrieren. Nach der 20. Sozialerhe-

---

27 *Nauck*, Kulturelles und soziales Kapital als Determinanten des Bildungserfolgs bei Migranten?, in: Becker (Hrsg.), Integration durch Bildung – Bildungserwerb von jungen Migranten in Deutschland, 2011, S. 71 ff.; *Stanat/Christensen*, Where Immigrant Students Succeed – A Comparative Review of Performance and Engagement in PISA 2003, 2006.

28 *Klieme u.a.*, PISA 2000-2009 – Bilanz der Veränderungen im Schulsystem, in: Klieme u.a. (Hrsg.), PISA 2009 – Bilanz nach einem Jahrzehnt, 2010, S. 277 ff.

29 *Nauck/Lotter*, Bildungsspezifisches Sozialkapital in einheimischen, türkischen und viernamesischen Familien in Deutschland, in: Steinbach/Hennig/Arránz Becker (Hrsg.), Familie im Fokus der Wissenschaft, 2014, S. 225 ff.

bung des Deutschen Studentenwerkes von 2014 besaßen insgesamt 23 Prozent der Studierenden in Deutschland einen Migrationshintergrund. Davon waren vier Prozent Bildungsinländer (ausländische Staatsangehörigkeit mit deutscher Hochschulzugangsberechtigung); drei Prozent Eingebürgerte (ursprüngliche Staatsangehörigkeit zugunsten der deutschen aufgegeben); zwei Prozent Menschen mit doppelter Staatsangehörigkeit; drei Prozent deutsche Studierende mit mindestens einem Elternteil mit ausländischer Staatsangehörigkeit und elf Prozent deutsche Studierende mit deutschen Eltern, mit mindestens einem im Ausland geborenen Elternteil (z.B. Spätaussiedler).[30] Insgesamt, so wird in der Analyse festgehalten, ist die Koppelung zwischen sozialer Herkunft und Zugang zum Hochschulsystem in Deutschland nach wie vor viel zu eng. Als ein weiteres Anzeichen dafür, dass unter Jugendlichen mit Migrationshintergrund ein besonders hohes Bildungspotenzial vorhanden ist, kann gewertet werden, dass 21 Prozent dieser Studierendengruppe aus Familien mit niedriger Bildungsherkunft stammen. Dies trifft nur auf fünf Prozent der Studierenden ohne Migrationshintergrund zu. Es gelingt also vielen dieser Jugendlichen, die negativen Begleiterscheinungen ihrer Lebenslage zu überwinden und hohe Bildungsziele zu realisieren.

VI. Risiken mindern, Chancen mehren

Migration und ihre Folgen für die Lebenslage und Bildungschancen von Jugendlichen sind mithin differenziert zu betrachten. Auf der Sollseite steht, dass das Projekt der Wanderung in der Regel mit Risiken und Verlusten verbunden ist. Auf der Habenseite steht die große Bereitschaft, Kräfte zu mobilisieren, um ein zufriedenstellendes Leben in der ‚Ortslosigkeit' zu führen – oder anders gesagt: sich zu integrieren. In künstlerischer Weise hat eine junge Migrantin namens *Aziza A.* – türkischer Herkunft, in Berlin geboren und aufgewachsen – ihre Sicht der Ambivalenz der Lage in einem kraftvollen, zweisprachig zu einer Fusion aus traditionellen anatolischen Klängen und dem Rap der Großstadt gesungenen Pop-Song mit dem Titel »Kendi Yolun – Dein eigener Weg« zum Ausdruck gebracht:

---

30 Deutsches Studentenwerk, Studieren mit Migrationshintergrund, http://www.studentenwerke.de/de/node/1028 (07.01.2016).

»Du tanzt zwischen der alten und der neuen Welt.
Du kämpfst dafür, zu leben, wie es Dir gefällt.
Es ist anders, von dort zu kommen und hier geboren zu sein,
es jedem recht zu machen und trotzdem frei zu sein.«[31]

Ein spezifisches Potenzial, das angesichts der generellen Herausforderungen der Globalisierung und individuellen Mobilität besonders gut kapitalisierbar wäre, besteht in der Mehrsprachigkeit. Vorteile liegen nicht nur im Verfügen über – mehr oder weniger ausgebaute – ‚Lebenserfahrung' in mehr als einer Sprache. Vielmehr zeigen einschlägige Untersuchungen, dass mehrsprachiges Aufwachsen und Leben die Fähigkeit zur weiteren Sprachaneignung positiv beeinflusst.[32] Darüber hinaus konnte gezeigt werden, dass auch allgemeine kognitive Fähigkeiten gefördert werden. Dies wird dadurch begründet, dass das Leben in zwei oder mehr Sprachen kognitive Herausforderungen mit sich bringt, die einsprachig Lebende zumeist in geringerem Maße erfüllen müssen. Mehrsprachige müssen für die Gestaltung ihres alltäglichen sprachlichen Lebens andauernd Entscheidungen fällen. Sie müssen abwägen, mit wem und in welcher Konstellation sie welche Sprache(n) verwenden können, und dabei vielfältige Informationen verarbeiten – zum Beispiel zum Grad der Formalität einer Kommunikationssituation oder zum Beziehungsgefüge zwischen den Kommunikationspartnern. Damit geht eine Art Training kognitiver Grundfähigkeiten einher, das beispielsweise die Kompetenz fördert, zwischen der formalen Gestalt einer Äußerung und ihrem Inhalt zu differenzieren (*cognitive control*).[33] Diese Fähigkeit ist jenseits sprachlicher Aufgaben im engeren Sinne grundlegend für Verstehen. Es gibt Hinweise darauf, dass die kognitionsbezogenen Vorzüge der Mehrsprachigkeit nicht nur im Kindesalter, also in einer frühen Phase der Sprachentwicklung bestehen, sondern bis ins hohe Alter erhalten bleiben.[34]

Es gälte, Wege zu finden, auf denen das positive Potenzial der Gewanderten genutzt wird, um die Nachteile auszugleichen, denen sie (nicht nur) im Bildungssystem begegnen. Zur Frage, wie dies in Bezug auf den Vor-

---

31 *Aziza A.*, Es ist Zeit, 1997.

32 *Rauch/Jurecka/Hesse*, Für den Drittspracherwerb zählt auch die Lesekompetenz in der Herkunftssprache, Zeitschrift für Pädagogik 56 (2010), S. 78 ff.

33 *Barac/Bialystok*, Bilingual effects on cognitive and linguistic development, Child Development 83 (2012), S. 413 ff.

34 *Bialystok/Poarch*, Language Experience Changes Language and Cognitive Ability, Zeitschrift für Erziehungswissenschaft 17 (2014), S. 433 ff.

teil der Mehrsprachigkeit geschehen könnte, gibt es inzwischen einige Untersuchungen, die auf aussichtsreiche Strategien deuten. Deren Grundidee soll hier abschließend angedeutet werden. Ihre Erprobung und Prüfung geschieht augenblicklich vor allem im allgemeinbildenden Bereich. Eine Adaption an tertiäre Bildung ist aber durchaus denkbar – im Kern geht es nämlich darum, sich über das Mittel des Nachdenkens über Sprache, das durch Sprachverschiedenheit angeregt wird, Zugang zum Verstehen von neuem, kognitiv herausforderndem Wissen zu verschaffen.

Grundlage der laufenden Untersuchungen bilden Erkenntnisse über die Funktion von Sprache für das Lernen. Grundsätzlich ist Lernen im Sinne verstehenden, reflektierenden Erschließens von Sachverhalten und Zusammenhängen ohne sprachliche Verarbeitung nicht möglich. Jedes angeleitete Lernen in Bildungsinstitutionen ist sprachbasiert. Eine Besonderheit dessen ist es, dass sich der auf das Lernen gerichtete Sprachgebrauch der Bildungsinstitutionen mehr oder weniger deutlich von dem Sprachgebrauch unterscheidet, der in alltäglicher Kommunikation üblich ist. Alltägliche Kommunikation vollzieht sich im Modus konzeptioneller Mündlichkeit. Die Sprechenden können beispielsweise auf den ihnen gemeinsam präsenten Kontext verweisen, wofür es passende Ausdrücke gibt (Deixis); sie können Wörter und Redewendungen verwenden, die einen breiten Bedeutungsgehalt besitzen; sie verwenden einfache, klare grammatische Strukturen, und dabei müssen nicht einmal alle intendierten Redemittel auch ausgesprochen werden. Ein Beispiel: Wenn eine Person eine andere nach dem Weg fragt, so kann das auf folgende Weise sehr gut funktionieren: »Wie komme ich denn zum xxx-Platz?« Antwort: »Hier herum, dahinten links.« Im konzeptionell schriftlichen Modus müssen mehr, präzisere Informationen gegeben werden; alles, was mitgeteilt werden soll, muss verbalisiert werden. Und mehr noch: diese Verbalisierung muss speziellen, für die jeweilige Kommunikationskonstellation adäquaten Regeln folgen.

Im Zusammenhang mit Bildung wird dieser einfache Sachverhalt komplexer. Hier geht es ja nicht nur darum, dass Schülerinnen und Schüler (oder auch Studierende) eine Sache inhaltlich verstehen. Der Bildungsprozess zielt vielmehr auch auf die Aneignung der spezifischen Ausdrucksmittel, die für die sprachliche Darstellung eines Inhalts in einem gegebenen Kontext als adäquat gelten. Ein Beispiel: Es genügt nicht, dass Kinder das Wort ‚fair' lernen; sie müssen überdies lernen, dass dieses Wort im Kontext von Religion oder Ethik, Sport, Mathematik jeweils unterschiedlich konnotiert und benutzt wird.

Für den Zusammenhang des allgemeinbildenden Schulwesens wurde der Begriff »Bildungssprache« vorgeschlagen, um die Differenz der Redemittel zu kennzeichnen. Bildungssprache ist, in Anlehnung an *Habermas*, diejenige Variante der Sprache, in der man sich mit den Mitteln der Schulbildung Wissen aneignet.[35] Am Anfang einer Bildungskarriere sind die Gemeinsamkeiten zwischen alltäglicher Sprache und Bildungssprache noch relativ groß. Mit fortschreitendem Bildungsgang aber, einhergehend mit der zunehmenden fachlichen Ausdifferenzierung von Lernbereichen und Fächern, wachsen die Unterschiede. Eine Aufgabe aus einem Lehrwerk der Physik, das am Anfang der Sekundarstufe I (also im 5. oder 6. Schuljahr) eingesetzt wird, soll dies illustrieren:

Abb. 2: Physikaufgabe aus einem Lehrwerk für Klassenstufe 5 und 6

Um festzustellen, welche Materialien Strom leiten bzw. nicht leiten, ist der Bau einer Prüfstrecke notwendig. Das Schaltbild einer Prüfstrecke, innerhalb derer feste Materialien auf ihre Leitfähigkeit hin untersucht werden, könnte wie folgt aussehen:

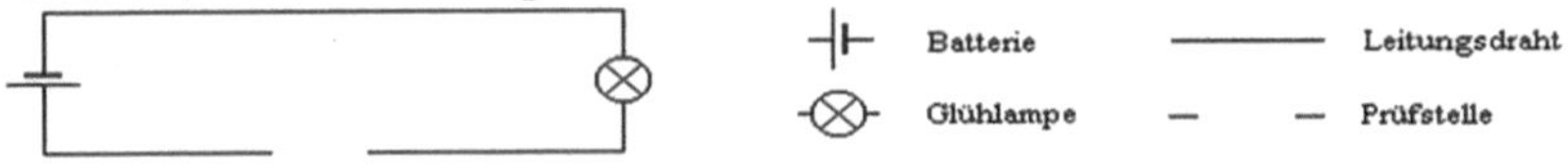

Bei der hier aufgezeigten Prüfstrecke lässt sich die Leitfähigkeit von Materialien untersuchen, indem diese in die Prüfstelle eingefügt werden. Leitet das Material, so ist der Stromkreis geschlossen und die Glühlampe leuchtet.
Leitet es nicht, so bleibt der Stromkreis offen und die Glühlampe leuchtet nicht.

Die inhaltliche Information ist in grammatisch hoch verdichteten, mit fachspezifischen Ausdrücken versehenen Text gekleidet, wie er in alltäglichem Sprachgebrauch kaum vorkäme. Mit Bildungssprache wird also nicht eine Sprache, wie etwa Deutsch, bezeichnet, sondern der ‚sprachliche Stil', der bei der Vermittlung und Aneignung von Wissen und schulisch basierten Fähigkeiten verwendet wird. Im Bildungsgang an Universitäten und Hochschulen entfalten sich noch einmal spezifische, insbesondere fachbezogene Merkmale zum *akademischen Sprachgebrauch.*

35 *Habermas*, Umgangssprache, Wissenschaftssprache, Bildungssprache, in: Max-Planck-Gesellschaft (Hrsg.), Jahrbuch 1977, 1977, S. 36 ff.; *Gogolin*, Bilingualität und die Bildungssprache der Schule, in: Mecheril/Quehl (Hrsg.), Die Macht der Sprachen – Englische Perspektiven auf die mehrsprachige Schule, 2006, S. 79 ff.

Relevant für das Lernen ist nun, dass das Verfügen über bildungssprachliche Mittel oder akademische Ausdrucksweisen das *Ergebnis* von Lernprozessen ist, nicht aber der Weg, auf dem dieses hergestellt werden kann. Die oben vorgestellte Physikaufgabe ist *sprachlich einfach* für Experten, die die Sache selbst verstehen. Die sprachliche Gestalt der Aufgabe ist hingegen nicht geeignet, das Verstehen von Novizen auf den Weg zu bringen. Dafür sind andere Ausdrucksweisen erforderlich, die am sprachlichen (und sachlichen) Vorwissen anknüpfen, das die Lernenden an eine neue Lernaufgabe herantragen.

Genau hier setzen Experimente zum Nutzen der Mehrsprachigkeit für das Lernen an. Es wird davon ausgegangen, dass das Verstehen eines neuen Inhalts eine hohe kognitive Herausforderung ist. Eine zweite Herausforderung ist es, die passende Sprache zum Inhalt zu verwenden. Die Modelle, die in der Erprobung sind, gehen davon aus, dass es sinnvoll ist, eine Trennung dieser beiden Herausforderungen vorzunehmen: In den Phasen des Lernprozesses, in denen es darum geht, eine neue Sache zu verstehen, wird es den Lernenden freigestellt, welche Ausdrucksweisen sie dafür benutzen. Solche Phasen sind in der Regel mit Sozialformen wie Partner- oder Gruppenarbeit verbunden. Zwei- oder mehrsprachige Lernende werden dazu ermutigt, in diesen Phasen von ihrem gesamten Sprachbesitz Gebrauch zu machen. Dies ist besonders ertragreich, wenn für diese Phasen Arrangements hergestellt werden können, in denen Mehrsprachige zusammenarbeiten – auch dann, wenn sie nicht unbedingt dieselben Sprachen mitbringen. Sie können in diesen Phasen ihr gesamtes kognitives Potenzial auf das Lernen der Sache verwenden. Im Anschluss an diese Abschnitte des Lernprozesses richtet sich der Unterricht darauf, die Lernenden mit den Redemitteln vertraut zu machen, die sie verwenden müssen, um die verstandene Sache auch fachlich adäquat auszudrücken bzw. die sie beherrschen müssen, um den entsprechenden fachlichen Text nachzuvollziehen.

Im schulischen Unterricht zeigen die Experimente, die diese Prinzipien befolgen, positive Effekte. Sie bestehen nicht nur in einer besseren Verarbeitung des Lehrstoffs, sondern auch darin, dass die mehrsprachigen Schülerinnen und Schüler eine Anerkennung ihrer sprachlichen Fähigkeiten erfahren; das trägt zur Steigerung von Motivation und Lernfreude bei. Allerdings betreffen die bis dato vorliegenden Studien vorwiegend jüngere Lernende.[36] Die Frage, ob sich vergleichbar positive Erfahrungen auch mit älteren Lernenden machen lassen, bleibt zu klären. Meine persönliche Erfahrung mit entsprechenden Experimenten in der Hochschullehre in sprachlich heterogenen Seminaren stimmt mich optimistisch: Studierende reagieren positiv auf den strategischen Einsatz von Mehrsprachigkeit als ‚Lernmittel' – auf den allmählichen Aufbau akademischer Registerkompetenz durch aktiven Gebrauch aller ihrer vorhandenen sprachlichen Fähigkeiten beim Erschließen von Neuem und im Anschluss an das Verstehen die explizite Bereitstellung des nötigen akademisch-sprachlichen Repertoires. Es würde sich lohnen zu explorieren, ob dies auch beim Lernen für das Rechtsprechen wirksam werden kann.

36 *Gibbons*, Unterrichtsgespräche und das Erlernen neuer Register in der Zweitsprache, in: Mecheril/Quehl (Hrsg.), Die Macht der Sprachen – Englische Perspektiven auf die mehrsprachige Schule, 2006, S. 269 ff.

Sprache und Prüfungen in der Juristenausbildung

Christian Steinweg

Der Weg zum Volljuristen[1] führt über eine Vielzahl[2] von Prüfungssituationen: Im Studium, in der universitären Schwerpunktbereichsprüfung und in der staatlichen Pflichtfachprüfung der ersten Prüfung[3], im Vorbereitungsdienst[4] bis hin zur zweiten Staatsprüfung[5]. Dieser Weg ist vorbeschrieben im Deutschen Richtergesetz[6] und seinen Konkretisierungen in den Juristenausbildungsgesetzen und -verordnungen der Länder[7] und den

1 In die Ausbildung zum Volljuristen nicht notwendig eingeschlossene zusätzliche oder für sich stehende Qualifikationen wie Bachelorgrad, Mastergrad, Promotion, und Habilitation werden im Nachfolgenden nicht unmittelbar erörtert; die Untersuchungsergebnisse mögen aber – entsprechend – anwendbar sein. In der zweiten Staatsprüfung können »[a]ußerhalb des Vorbereitungsdienstes gezeigte Leistungen nur dann in die Gesamtbeurteilung des Leistungsstandes« nach § 5d Abs. 4 DRiG »einbezogen werden, wenn sie eine Aussage hinsichtlich der Inhalte und Ziele des Vorbereitungsdienstes enthalten«: VG Köln, Urt. v. 9.10.2010, 6 K 2738/09, juris; VG Hamburg, Urt. v. 23.12.2014, 2 K 1285/11, juris.

2 Zum Leiden der Studierenden an den Prüfungen: *Brockmann/Pilniok*, Prüfen in der Rechtswissenschaft: Probleme, Praxis und Perspektiven, in: dies. (Hrsg.), Prüfen in der Rechtswissenschaft, 2013, S. 9 (21).

3 So die bundesrechtliche Bezeichnung in § 5 Abs. 1 DRiG, außerhalb dessen oftmals bezeichnet als erste juristische Prüfung oder als erstes Examen oder Referendarexamen.

4 So die bundesrechtliche Bezeichnung in § 5 Abs. 1 DRiG, außerhalb dessen oftmals bezeichnet als Rechtsreferendariat.

5 So die bundesrechtliche Bezeichnung in § 5 Abs. 1 DRiG, außerhalb dessen oftmals bezeichnet als zweite juristische Prüfung oder zweites (Staats-)Examen oder Assessorexamen.

6 §§ 5 ff. DRiG.

7 So gelten etwa in Hamburg für das Studium, die erste Prüfung und den Vorbereitungsdienst das Hamburgische Juristenausbildungsgesetz vom 11.6.2003 m. spät. Änd. (HmbJAG) mit der Prüfungsgegenständeverordnung vom 23.12.2003, für die zweite Staatsprüfung die Übereinkunft der Länder Freie Hansestadt Bremen, Freie und Hansestadt Hamburg und Schleswig-Holstein über ein Gemeinsames Prüfungsamt und die Prüfungsordnung für die zweite Staatsprüfung für Juristen (Länderübereinkunft).

Prüfungsordnungen der Universitäten[8]. Der Prüfling[9] muss insbesondere Hausarbeiten und Klausuren schreiben, Referate und Aktenvorträge halten und sich in Prüfungsgesprächen bewähren.

Ausgehend von den Grundsätzen des Prüfungsrechts (I.) ist zunächst die allgemeine Bedeutung der Sprache für juristische Prüfungen darzustellen (II.). Sodann sind die sprachlichen Anforderungen zu erörtern, die einerseits an den Prüfling (III.), aber auch andererseits an den Prüfer (IV.) gestellt werden. Abschließend kann ein Ausblick gewagt werden (V.).

I. Prüfungsrecht

Das Prüfungsrecht wird durch drei Grundrechte beherrscht: das Freiheitsgrundrecht aus Art. 12 Abs. 1 GG (1.), das Gleichheitsgrundrecht aus Art. 3 Abs. 1 GG (2.) und das Verfahrensgrundrecht aus Art. 19 Abs. 4 GG (3.).

1. Berufsfreiheit

Eine berufsbezogene Prüfung greift als subjektive Berufszugangsregelung in die durch Art. 12 Abs. 1 GG geschützte Berufsfreiheit ein. Der Eingriff muss auf einer hinreichenden Ermächtigung beruhen[10] und geeignet, erforderlich und angemessen sein. Welche Kenntnisse und Fertigkeiten vom Prüfling verlangt werden können, hängt von dem Ziel der jeweiligen Prüfung ab:

Die im Verlauf des rechtswissenschaftlichen Studiums an einer Universität zu erbringenden Leistungsnachweise dienen letztlich der Zulassung zur ersten Prüfung für Juristen. Die erste Prüfung hat den Zweck festzustellen, ob der Prüfling das rechtswissenschaftliche Studienziel erreicht hat und damit für den juristischen Vorbereitungsdienst fachlich geeignet ist.[11]

---

8 Dies ist etwa für die Universität Hamburg nunmehr die Studien- und Prüfungsordnung der Fakultät für Rechtswissenschaft der Universität Hamburg für den Studiengang Rechtswissenschaft vom 19.6.2013.

9 Die Verwendung des Begriffs des Prüflings ist üblich und praktisch. Eine Abwertung enthält er nicht, auch ist er kein Diminutiv, a. A. *Brockmann/Pilniok* (Fn. 2), S. 17 Fn. 27.

10 BVerwG, DVBl. 2013, S. 1122.

11 So für Hamburg ausdrücklich § 6 S. 1 HmbJAG.

Denn die erste Prüfung eröffnet als Referendarexamen den Zugang zum Rechtsreferendariat.[12]

Die zweite Staatsprüfung hat die Aufgabe festzustellen, ob der Referendar zu selbständiger, eigenverantwortlicher Tätigkeit in allen Bereichen der Rechts- und Verwaltungspraxis fähig ist.[13] Das Gesetz bezeichnet den Abschluss der Juristenausbildung nach wie vor als Befähigung zum Richteramt.[14] Dies gilt, wenngleich sich an das Assessorexamen selbstverständlich nicht notwendig die Tätigkeit als Gerichtsassessor, d.h. als Richter auf Probe,[15] anschließt. Die zweite Staatsprüfung eröffnet den Zugang zu den reglementierten juristischen Berufen Richter, Staatsanwalt, Notar[16] und insbesondere Rechtsanwalt. Auch im Vorbereitungsdienst tritt die rechtsprechende Praxis gegenüber der rechtsberatenden in den Hintergrund: Von vierundzwanzig Monaten der Ausbildung müssen nach dem Deutschen Richtergesetz mindestens sechs Monate zwingend in der Justiz, davon drei Monate bei einem Gericht absolviert werden, aber mindestens neun Monate im rechtsberatenden Bereich, davon sechs Monate bei einem Rechtsanwalt.[17] Über die reglementierten Berufe hinaus umfasst das Berufsfeld des Volljuristen auch die Tätigkeit als Jurist in der öffentlichen Verwaltung, in Unternehmen oder in Organisationen, was im Vorbereitungsdienst, je nach Gestaltung im Einzelfall, mehr oder weniger stark zum Ausdruck kommen kann.

2. Allgemeiner Gleichheitssatz

Der allgemeine Gleichheitssatz nach Art. 3 Abs. 1 GG unterwirft die Prüfungsbedingungen und die Bewertung der Prüfungsleistung dem Gebot der Chancengleichheit. Das Prüfungsverfahren ist so zu gestalten, dass es gleiche Startchancen vermittelt.[18] Die Prüfungsbewertungen sind vom je-

---

12 Daneben handelt es sich bereits um einen berufsqualifizierenden Abschluss, zwar nicht im Hinblick auf die reglementierten juristischen Berufe, aber doch im Hinblick auf andere juristische Berufsfelder, vgl. VG Hamburg, Urt. v. 30.4.2015, 2 K 4825/13, juris.

13 § 4 Abs. 1 der Länderübereinkunft, s. Fn 7.

14 § 5 Abs. 1 DRiG.

15 § 12 DRiG.

16 Mit Ausnahme des württembergischen Bezirksnotars.

17 § 5b Abs. 2, Abs. 4 S. 1 DRiG.

18 *Niehues/Fischer/Jeremias*, Prüfungsrecht, 6. Aufl. 2014, Rn. 403.

weiligen Prüfer nach gleichen Beurteilungsmaßstäben vorzunehmen.[19] Verschiedene Prüfer müssen jedoch nicht gleiche Maßstäbe anlegen.[20]

3. Gebot effektiven Rechtsschutzes

Das Gebot effektiven Rechtsschutzes nach Art. 19 Abs. 4 GG verlangt, dass der Prüfling rechtsschutzwirksame Einwände gegen die Bewertung seiner Prüfungsleistung vorbringen können muss. Will der Prüfling einen materiellen Mangel in der Bewertung geltend machen, so muss er konkrete substantiierte Einwendungen gegen die vom Prüfer geübte Kritik benennen.[21] Daraus folgt, dass der Prüfer seine Bewertung der Prüfungsleistung begründen muss (s. u. IV. 2.). Die gebotene substantiierte Prüferkritik an einer juristischen Prüfungsleistung kann sich auf unterschiedliche Aspekte wie die Sachverhaltserfassung, Norminterpretation, Subsumtion, Methodik, Logik oder (s. u. III.) die Sprache beziehen.[22]

Soweit die Prüferkritik auf fachlichen Meinungsverschiedenheiten beruht, besteht dabei im Rahmen der Vertretbarkeit für den Prüfling ein Antwortspielraum. Eine vertretbare und mit gewichtigen Argumenten folgerichtig begründete Lösung darf nicht als falsch gewertet werden.[23]

Soweit die Prüferkritik hingegen Ausdruck prüfungsspezifischer Wertung ist, besteht ein Beurteilungsspielraum des Prüfers. Denn nach dem Gebot der Chancengleichheit darf das Gericht nicht seine Bewertungsmaßstäbe an die Stelle derjenigen der Prüfer setzen. Der Beurteilungsspielraum der Prüfer ist erst überschritten bei Verfahrensfehlern, wenn anzuwendendes Recht verkannt, von einem unrichtigen Sachverhalt ausgegangen, ein allgemein gültiger Bewertungsmaßstab verletzt wurde oder eine sachfremde Erwägung ausschlaggebend war.[24]

---

19 Nach BVerwG, NVwZ 1993, S. 686 ff. muss auch eine etwaige Neubewertung grundsätzlich durch dieselben Prüfer vorgenommen werden, damit dieselben Maßstäbe, Vorstellungen und Erfahrungen zugrunde gelegt werden.

20 BVerwG, NVwZ 1999, S. 74 f.

21 BVerwG, Beschl. v. 23.12.1993, 6 B 19/93, juris; OVG Hamburg, NVwZ-RR 2008, S. 851.

22 VG Hamburg, Urt. v. 23.12.2014, 2 K 1285/11, juris, VG Hamburg, Urt. v. 13.5.2015, 2 K 189/14, juris.

23 BVerfGE 84, S. 34 ff.

24 BVerfGE 84, S. 34 ff.

II. Sprache in der Prüfung

Die herausragende Bedeutung der Sprache sowohl für juristische Prüfungen als auch in juristischen Prüfungen folgt zum einen daraus, dass in der Prüfung Prüfling und Prüfer mit sprachlichen Mitteln kommunizieren (1.), zum anderen daraus, dass bereits für das Recht selbst die Sprache eine konstitutive Rolle einnimmt (2.).

1. Kommunikation zwischen Prüfling und Prüfer

Die Prüfung ist eine Kommunikation zwischen Prüfling und Prüfer (oder Prüfungsamt). Die Art der Kommunikation unterscheidet sich nach der Art der Prüfung:

Eine wechselseitige mündliche Kommunikation findet in den Abschnitten des Prüfungsgesprächs in einer mündlichen Prüfung statt: Der Prüfer stellt eine Frage. Der eine Prüfling gibt eine Antwort. Der Prüfer kann eine Rückfrage an den einen oder auch einen anderen Prüfling stellen usw. Bei dieser Prüfungsart steht die gemeinsame Erarbeitung einer Lösung für die gestellte Aufgabe im Vordergrund.

Demgegenüber stellt im mündlichen Referat oder im Aktenvortrag der Prüfer (oder das Prüfungsamt) dem Prüfling schriftlich eine Frage, die der Prüfling mündlich beantwortet, ohne dabei zunächst durch Rückfragen unterbrochen zu werden. Hier erlangen die Präsentation und der Stil des Vortrags erhebliches Gewicht.

In der Hausarbeit und der Aufsichtsarbeit ist die Kommunikation schriftlich und nicht gleichzeitig: Der Prüfer (oder das Prüfungsamt) stellt eine schriftliche Frage. Der Prüfling gibt eine schriftliche Antwort.

Die Kommunikation unterscheidet sich mithin danach, ob es sich um eine Gruppen- oder Einzelprüfung handelt, eine schriftliche oder mündliche Prüfung und ob Rückfragen und Hilfeststellungen (Einhilfen) des Prüfers möglich sind.

2. Sprache des Rechts und Sprache der Rechtswissenschaft

Zunächst könnte angenommen werden, dass in der juristischen Prüfung stets in der Sprache der Rechtswissenschaft kommuniziert wird, mithin über das Recht gesprochen oder – in schriftlichen Prüfungen – über das

Recht geschrieben wird. Dies ist aber nur der Fall, soweit das Recht lediglich der Gegenstand ist, über den in der juristischen Prüfung kommuniziert wird. Es ist jedoch auch der Fall denkbar, dass das Recht mehr ist als nur der Gegenstand der Kommunikation. Die Sprache nimmt eine konstitutive Rolle für das Recht ein. Sie ist nicht nur das Kleid, sondern der wahre Leib des Rechts.[25] Eine Kommunikation ist deshalb nicht nur in der Sprache der Rechtswissenschaft, sondern auch in der Sprache des Rechts selbst möglich.

So fordern viele typische Klausurformate eine Lösung[26] der Aufgabe in der Sprache des Rechts. Dies gilt etwa dann, wenn der Prüfling in der Anwaltsklausur eine Klageschrift, in der Staatsanwaltsklausur eine Anklageschrift, in der Urteilsklausur eine gerichtliche Entscheidung oder in der Verwaltungsklausur einen Widerspruchsbescheid zu entwerfen hat. In der mündlichen Prüfung kann etwa die Situation simuliert werden, dass gegenüber dem Gericht ein Plädoyer oder innerhalb des Spruchkörpers ein Aktenvortrag zu halten ist. Aber auch dann, wenn im Rechtsgespräch der »Kampf ums Recht« mit den Mitteln des Worts geführt wird, vollzieht sich der Diskurs in der Sprache des Rechts. Das Recht wird nicht lediglich abstrakt von einer Autorität gesetzt, sondern es muss in jedem Einzelfall gefunden werden. An der konkreten Rechtsfindung, die in der Rechtsprechung nur ihren letztverbindlichen Abschluss findet, haben zuvorderst die Rechtsunterworfenen durch Rede und Gegenrede teil.[27]

Der angehende Jurist muss nur gegebenenfalls für sein späteres Berufsleben als Richter, Rechtsanwalt oder Verwaltungsjurist, gewiss aber für die Prüfung »Recht sprechen lernen«, »Recht beraten lernen« und »Recht verwalten lernen« – und dies jeweils in der Sprache des Rechts.

Eigentümlich für die Juristen ist dabei die mangelnde Reflexion, ob in der Sprache des Rechts (Jura) oder in der Sprache der Rechtswissenschaft (Jurisprudenz) kommuniziert wird. Während es – so zumindest aus der

---

25 *von Gierke*, Das Bürgerliche Gesetzbuch und der Deutsche Reichstag, S. 10, zitiert nach *Günther*, Recht und Sprache, 1898, S. 1.

26 Die Verwendung des Begriffs der Lösung impliziert nicht, dass es nur eine Lösung geben kann, sondern verweist auf die praktische Brauchbarkeit der Bearbeitung.

27 Nach *von Jhering*, Der Kampf ums Recht, 1872, ist das Recht »unausgesetzte Arbeit und zwar nicht bloß der Staatsgewalt, sondern des ganzen Volkes. Jeder Einzelne, der in die Lage kommt, sein Recht behaupten zu müssen« übernehme »an dieser nationalen Arbeit seinen Anteil«, trage »sein Scherflein bei zur Verwirklichung der Rechtsidee auf Erden.« Ohne Pathos und ohne die überholte Beschränkung auf den Rahmen des Nationalstaats dürfte dies fortgelten.

Sicht eines insoweit unbedarften Juristen – stets möglich erscheint zu bestimmen, ob man in der Sprache der Poesie ein Gedicht schreibt oder in der Metasprache der Poetik über ein Gedicht schreibt, erscheint dies im Hinblick auf Recht und Rechtswissenschaft nicht immer klar zu sein. Wer eine juristische Abhandlung verfasst, nimmt dadurch zugleich an dem für das Recht konstitutiven Diskurs teil. Eine Rechtsauffassung kann, indem sie vertreten wird, vertretbar werden, schließlich zur herrschenden oder auch allgemeinen Meinung werden. Das Recht zieht sich, *Münchhausen* gleich, am eigenen Schopf aus dem Sumpf. So wird es augenfällig beim Gewohnheitsrecht: Die opinio iuris vel necessitatis begründet das ius und gibt der opinio damit erst im Nachhinein »Recht«.

3. Deutsche Sprache und Fremdsprache

Gleichwohl nach dem Deutschen Richtergesetz in den juristischen Prüfungen auch Fremdsprachenkompetenzen Berücksichtigung finden können, steht in den zum Volljuristen führenden Prüfungen[28] die deutsche Sprache bisher sehr im Vordergrund.[29] Dies gilt ungeachtet dessen, dass die Eignung für alle Bereiche der rechtsprechenden, verwaltenden und rechtsberatenden Tätigkeiten geprüft werden soll und diese Tätigkeiten zunehmend grenzüberschreitende Bezüge aufweisen und fremdsprachliche Kompetenzen erfordern.[30] Bislang ist die Gerichtssprache Deutsch, bis auf einen Vorbehalt für das Sorbische.[31] Nach einer vom Bundesrat eingebrachten Gesetzesvorlage[32] sollen allerdings am Landgericht Kammern für internationale Handelssachen eingerichtet und soll dort aufgrund des

28 D.h. gemäß § 5 Abs. 1 DRiG im Studium, in der ersten Prüfung, im Vorbereitungsdienst und der zweiten Staatsprüfung.

29 Nach VG Düsseldorf, Urt. v. 1.3.2002, 15 K 2809/00, juris, setzt eine in deutscher Sprache abgehaltene Prüfung ausreichende Kenntnisse in dieser Sprache voraus, weshalb eine Verlängerung der Bearbeitungszeit wegen eines fremdsprachigen Hintergrunds des Prüflings nicht gewährt werden kann.

30 Dies gilt sogar für die Tätigkeit als Verwaltungsrichter, der nur nach in Deutschland geltendem öffentlichem Recht zu entscheiden hat. So kann es vorkommen, dass sich in Asylverfahren im Dublin-System Anfragen an ausländische Behörden nur auf Schwedisch, Antworten nur auf Englisch in der Sachakte finden.

31 § 184 GVG.

32 Entwurf eines Gesetzes zur Einführung von Kammern für internationale Handelssachen (KfiHG), BT-Drs. 18/1287.

übereinstimmenden Willens der Streitparteien in englischer Sprache verhandelt werden müssen.

4. Sprechsprache und Schriftsprache, Kommunikationssituation

Entsprechend den beruflichen Anforderungen an einen Juristen muss der Prüfling sich in Wort und Schrift ausdrücken können.[33] In der mündlichen ebenso wie in der schriftlichen Prüfung steht dabei die Kommunikation mit Juristen im Vordergrund, etwa wenn ein Schriftsatz an das Gericht oder die Entscheidung eines Gerichts mit Anwaltszwang[34] entworfen werden sollen. Dabei ist in rechtsprechenden, verwaltenden und rechtsberatenden Tätigkeiten die Kommunikation mit Nichtjuristen über tatsächliche und rechtliche Fragen mindestens ebenso wichtig und bildet eine Schlüsselkompetenz. Dies ist eine Fertigkeit, die in den Prüfungen üblicherweise nicht hinreichend abgeprüft wird.

Dies gilt allgemein für die Schlüsselqualifikationen, bei denen es sich jedenfalls auch um kommunikative Fertigkeiten handelt. In der Ausbildung mögen Schlüsselqualifikationen wie etwa mediative Techniken oder Verhandlungsfertigkeiten in Rollenspielen, beispielsweise in einem Moot Court, eingeübt werden.[35] In den Prüfungen, auch den mündlichen, bestehen für die Abprüfung solcher Fertigkeiten jedoch nur bescheidene Möglichkeiten. So kann der Prüfer den Prüfling in die Rolle eines Rechtsanwalts versetzen und nach der optimalen Beratung eines Mandanten fragen.[36] Die mündliche Prüfung, die für einen Prüfling in jedem Abschnitt des Prüfungsgesprächs etwa zehn Minuten Zeit lässt, ist für eine realistische und deshalb aufwändigere Simulation jedoch viel zu knapp bemessen.

---

33 Eine nur schriftliche oder nur mündliche Prüfung kann kaum die Bandbreite abdecken, wenn die berufliche Qualifikation sowohl schriftliche als auch mündliche Befähigungen voraussetzt, *Niehues/Fischer/Jeremias*, Prüfungsrecht (Fn. 18), Rn. 542 m. w. N.

34 So sehr weitgehend am AG in Familiensachen, am LG, an oberen und obersten Gerichten aller Fachgerichtsbarkeiten.

35 *Niehues/Fischer/Jeremias*, Prüfungsrecht (Fn. 18), Rn. 94.

36 *Niehues/Fischer/Jeremias*, Prüfungsrecht (Fn. 18), Rn. 96.

Ebenso wie inhaltliche Grundlagenfragen bei der Fallbearbeitung in der Prüfung zu kurz zu kommen drohen,[37] gilt dies für kommunikative Fertigkeiten unter realistischen Bedingungen und auf praktisch brauchbarem Niveau.

III. Sprache des Prüflings

Die in einem sehr unmittelbaren Sinne »examensrelevante« Frage, die sich hinsichtlich der Sprache in juristischen Prüfungen zunächst stellt, ist: Was muss der Prüfling in sprachlicher Hinsicht leisten? Was kann der Prüfer vom Prüfling verlangen? Inwieweit und anhand welcher Maßstäbe darf Sprache als Bewertungskriterium dienen?

Allgemein gilt dabei für berufsbezogene Prüfungen: Wenn die erstrebte berufliche Qualifikation ohne hinreichende Sprachkenntnisse nicht gegeben ist, können sprachliche Mängel einem Prüfungserfolg entgegenstehen.[38] Der Prüfling muss hörbar sprechen und lesbar schreiben (1.), allgemeinsprachliche Förmlichkeiten hinsichtlich Rechtschreibung, Zeichensetzung, Morphologie und Syntax muss er grundsätzlich beachten (2.), die spezifische juristische Methodik anwenden (3.). Neben der Arbeit am Sachverhalt muss er Arbeit am Gesetz erbringen (4.).

1. Hörbarkeit und Lesbarkeit

In mündlichen Prüfungen muss das Wort des Prüflings akustisch zu verstehen sein. So können die Prüfer das Sprechtempo eines Aktenvortrages als zu hoch beanstanden, wenn sie die Inhalte schlechthin nicht aufnehmen können.[39]

---

37 *Brockmann/Pilniok*, Prüfen in der Rechtswissenschaft (Fn. 2), S. 9; *Repgen*, Avant-propos, in: Brockmann/Pilniok (Hrsg.), Prüfen in der Rechtswissenschaft (Fn. 2), S. 23 ff., mit einer aber so nicht berechtigten Kritik an dem Prüfungsformat der »Falllösung«.

38 BVerwG, Bechl. v. 10.12.1993, 6 B 40/92, juris; *Niehues/Fischer/Jeremias*, Prüfungsrecht (Fn. 18), Rn. 626.

39 VG Hamburg, Urt. v. 23.12.2014, 2 K 1285/11, juris.

Entsprechend muss in schriftlichen Prüfungen der Prüfer die Schrift mit zumutbarem Aufwand lesen können.[40] Eine besonders leichte Leserlichkeit oder eine schöne Schrift können jedoch nicht verlangt werden. Ästhetische Maßstäbe dürfen nicht angelegt werden.[41]

2. Allgemeinsprachliche Förmlichkeiten

Richtige Rechtschreibung, Zeichensetzung, Morphologie und Syntax sind zunächst Ausdruck allgemeinsprachlicher Kompetenz. Zur Rechtsanwendung gehört aber auch die Fähigkeit, sich bei Falllösungen wie überhaupt bei Rechtsausführungen grammatikalisch korrekt, in verständlicher Sprache und in einem sachangemessenen Sprachstil in Wort und Schrift auszudrücken.[42] Gerade im zweiten juristischen Examen sollen sprachliche Unzulänglichkeiten, aber auch Rechtschreibmängel ohne weiteres negativ bewertet werdenkönnen.[43] Schreibversehen können ebenfalls – als solche – beanstandet werden.[44]

Dieser Ansatz wird aber vielfach relativiert durch den Hinweis, dass Rechtschreibung und Kommasetzung zwar in die Bewertung einfließen, aber keine zentrale, negative Rolle einnehmen dürften.[45] Nicht schon die Berücksichtigung, jedoch die Überbewertung äußerer Formen sei sach-

40 BVerwG, Beschl. v. 23.2.1984, 7 B 24/84, juris; VG Hamburg, Urt. v. 20.5.2011, 2 K 236/10, juris; schlechthin die »Lesbarkeit« als Maßstab anlegend: VGH München, Urt. v. 29.12.1992, 3 B 92.399, juris, zustimmend *Zimmerling/Brehm*, Prüfungsrecht, 3. Aufl. 2007, Rn. 794.

41 BVerwG, Beschl. v. 23.2.1984, 7 B 24/84, juris; wohl a. A. *Niehues/Fischer/Jeremias*, Prüfungsrecht (Fn. 18), Rn. 645, Fn. 288, nach denen die Überbewertung der Schriftform unzulässig ist.

42 VGH Mannheim, NJW 1988, S. 2633, OVG Münster, NVwZ 1995, S. 800, zustimmend *Zimmerling/Brehm*, Prüfungsrecht (Fn. 40), Rn. 794.

43 VG Ansbach, Urt. v. 17.10.2013, AN 2 K 11.02377 u. a., juris.

44 VG Düsseldorf, Urt. v. 11.8.2006, 15 K 1819/05, juris.

45 VG Ansbach, Urt. v. 17.10.2013, AN 2 K 11.02377 u. a., juris; *Niehues/Fischer/Jeremias*, Prüfungsrecht (Fn. 18), Rn. 626.

fremd.[46] Formale Mängel dürften zur Abrundung des Gesamturteils herangezogen[47] aber nicht überbewertet werden.[48]

Diese Relativierung ist jedoch problematisch. Denn gerade die Gewichtung der Schwere einzelner Fehler unterliegt anerkanntermaßen einer prüfungsspezifischen Wertung.[49] Eine prüfungsspezifische Wertung orientiert sich an den vom Prüfer aus seiner Erfahrung[50] gebildeten Maßstäben. Ob eine sich in den Grenzen des Beurteilungsspielraums haltende Wertung richtig oder falsch ist, kann ein Dritter nicht beurteilen, ohne sich an die Stelle des Prüfers zu setzen. So wird von der Rechtsprechung, soweit ersichtlich, nur in seltenen Fällen angenommen, der Prüfer habe äußere Formen überbewertet. Soweit im Einzelfall eine Überbewertung formeller Fehler angenommen wird, ist es nicht überzeugend, diese daran festzumachen, dass vom Prüfer aufgezeigte inhaltliche Fehler offenbar nur von geringem Gewicht seien und der Prüfer eine sprachlich einwandfreie Bearbeitung erwartet habe.[51] Zwar darf für eine durchschnittliche Leistung keine sprachlich einwandfreie Bearbeitung verlangt werden. Doch darf nach dem Vorstehenden der Prüfer formelle Fehler beanstanden, allenfalls muss er bei der Gewichtung der Fehler Maß halten.

In dem veröffentlichten Leitsatz einer obergerichtlichen Entscheidung zu sprachlichen Defiziten heißt es demgegenüber in aller Deutlichkeit: »Ein Prüfer, der eine Aufsichtsarbeit im Rahmen der Ersten juristischen Staatsprüfung wegen gehäufter sprachlicher und orthographischer Mängel statt mit ausreichend (4 Punkte) mit mangelhaft (3 Punkte) bewertet, überschreitet damit nicht die ihm zustehende Beurteilungsermächtigung.«[52] In den Entscheidungsgründen findet sich diese Klarheit wiederum nicht.

---

46 *Niehues/Fischer/Jeremias*, Prüfungsrecht (Fn. 18), Rn. 645.

47 BVerwG, Beschl. v. 3.4.1997, 6 B 4/97, juris, BVerwGE 92, S. 132 (135 f.); VGH Mannheim, HmbJVBl. 1979, S. 132; VG Berlin, Urt. v. 27.10.2004, 12 A 559.94, juris.

48 BVerwGE 92, S. 132, wobei der Prüfer in dem dort entschiedenen Fall sich ohnehin maßgeblich auf andere Gesichtspunkte gestützt hatte, um zur Bewertung mit »mangelhaft«, 2 Punkte, zu gelangen.

49 OVG Münster, Beschl. v. 3.9.2013, 14 E 686/13, juris; VGH München, Beschl. v. 7.4.1997, 7 ZB 08.996, juris; *Niehues/Fischer/Jeremias*, Prüfungsrecht (Fn. 18), Rn. 635; ausdrücklich zur Gewichtung von Interpunktion und Rechtschreibung: VG Düsseldorf, Urt. v. 1.3.2002, 15 K 6647/99, juris.

50 Vgl. Fn. 19.

51 So aber VG Lüneburg, Gerichtsbescheid v. 30.10.1996, 1 A 16/94, juris.

52 VGH Mannheim, NJW 1988, S. 2633.

Demgegenüber sollte klar der Standpunkt eingenommen werden, dass Mängel in der allgemeinsprachlichen Kompetenz vom Prüfer nicht nur beanstandet, sondern auch als eines von mehreren Begründungselementen für eine schlechte oder schlechtere Bewertung der Prüfungsleistung tragend sein können. Zu bedenken ist dabei, dass es für den Prüfling nicht nur um das Ob des Bestehens der Einzelprüfungsleistung, sondern auch um das Wie des Bestehens der Gesamtprüfung geht, da das berufliche Fortkommen teilweise und, soweit die Ergebnisse vergleichbar sind, teilweise zu Recht mit der Examensnote verknüpft ist. Für den Prüfling kann deshalb auch das Verfehlen der gewünschten Notenstufe im Examen einen (objektiven oder zumindest subjektiven) Teil-Misserfolg bedeuten.

3. Juristische Methodik

Über die allgemeinsprachliche Kompetenz hinaus muss der Prüfling zeigen, dass er die juristische Methodik beherrscht. Fachlich vorgegeben ist insbesondere in klassischen Klausurkonstellationen, ob der Gutachtenstil[53] oder ob der Urteilsstil[54] zu pflegen ist. Nachhaltige Verstöße dagegen können ohne weiteres zu einem Misserfolg in der Prüfung führen.

Ähnliches gilt für die spezifischen Vorgaben etwa bei der Erstellung eines zivilgerichtlichen Urteils. Der Prüfling muss nicht nur aufgrund seiner allgemeinsprachlichen Kompetenz wissen, wie Tempus und Modus eines Verbes gebildet werden, und sein Wissen auch anwenden können. Sondern er muss auch wissen, ob für die Darstellung der unstreitigen Umstände, für den Parteivortrag, die Anträge, die Prozessgeschichte Präsens, Perfekt oder Imperfekt sowie Indikativ oder Konjunktiv I oder II zu verwenden sind.[55] Darüber hinaus muss der Prüfling auch wissen, welche Umstände als streitige Tatsachenbehauptung im Vortrag der beweisbelasteten Partei darzustellen sind.

---

53 Didaktisch dazu *Hildebrand*, Juristischer Gutachtenstil, 1. Aufl. 2014, sowie *dies.* in diesem Band, S. 141 ff.

54 Didaktisch dazu *Anders/Gehle*, Das Assessorexamen im Zivilrecht, 12. Aufl. 2015; *Delfs/Mehmel*, Assessorexamen und Berufseinstieg im öffentlichen Recht, 2015.

55 Zur richtigen Zeitform VG Düsseldorf, Urt. v. 14.11.2003, 15 K 6737/01, juris.

Prüfungsspezifischer Wertung unterliegen ferner die Qualität der Darstellung[56] sowie die Güte des Sprachstils.[57] Der Prüfer muss beurteilen, ob der Leser durch normgeprägte Obersätze gut geführt wird.

4. Arbeit am Gesetz

Weitere Anforderungen an den Prüfling ergeben sich hinsichtlich der Arbeit am Gesetz. Neben der präzisen Arbeit am Sachverhalt zeichnet eine gute Prüfungsleistung (und eine gute juristische Praxis) eine präzise Arbeit am Gesetz aus.

Die Arbeit am Gesetz beginnt am Wortlaut. Die Gesetzesnorm ist genau zu zitieren, die Genauigkeit liegt aber in einem gewissen Umfang im Antwortspielraum des Prüflings.[58]

Bei der Analyse des Gesetzeswortlauts muss berücksichtigt werden, dass bestimmten Begriffen kontextabhängig eine bestimmte fachsprachliche Bedeutung zukommt. So muss der Prüfling beispielsweise im öffentlichen Recht »Zugang«, »Bekanntgabe« und »Zustellung« eines Verwaltungsaktes in Tatbestand und Rechtsfolgen auseinanderhalten.[59] Ein Wort kann aber sogar in der Gesetzessprache je nach Zusammenhang verschiedene Bedeutungen annehmen. So sind dem Wort »kann« mehrerlei Bedeutungen zugeordnet. Dafür nennt das Bundesministerium der Justiz im »Handbuch der Rechtsförmlichkeit«[60] Beispiele:

»Ist die Sache mangelhaft, kann der Käufer« Nacherfüllung verlangen, von dem Vertrag zurücktreten oder den Kaufpreis mindern und Schaden-

---

56 OVG Berlin, Beschl. v. 30.11.2009, 10 N 50.08, juris, OVG Lüneburg, Urt. v. 2.2.2005, 2 LB 4/03, juris.

57 OVG Münster, Urt. v. 22.5.2003, 14 A 4813/96, juris; Urt. v. 23.1.1995, 22 A 1834/90, juris, vgl. VGH Mannheim, VBlBW 1988, S. 262 f.

58 Beispielsweise liegt es im Antwortspielraum, ob »natürliche und juristische Personen«, die nach dem Gesetz fähig sind, am verwaltungsgerichtlichen Verfahren beteiligt zu sein, zwei Alternativen »§ 61 Nr. 1 Alt. 1 und 2 VwGO« oder zwei Varianten »§ 61 Nr. 1 Var. 1 und 2 VwGO« oder gemäß einer weitverbreiteten und damit vertretbaren Praxis in beiden Fallgruppen schlicht einer Norm »§ 61 Nr. 1 VwGO« zugeordnet werden, VG Hamburg, Urt. v. 25.5.2012. 2 K 2234/09.

59 Zur Fehlerhaftigkeit einer Rechtsbehelfsbelehrung, es könne innerhalb eines Monats nach »Zugang« Widerspruch eingelegt werden: VG Hamburg, Beschl. v. 17.12.2014, 2 E 4793/14, juris.

60 Bundesministerium der Justiz (Hrsg.), Handbuch der Rechtsförmlichkeit, 3. Aufl. 2008, dort Rn. 82 mit Angabe der nachfolgenden Beispiele.

ersatz oder Ersatz vergeblicher Aufwendungen verlangen.[61] Das »kann« steht hier für Handlungsmöglichkeiten des Käufers. In einer verwaltungsrechtlichen Befugnisnorm heißt es: »Die Erlaubnis kann versagt werden, wenn Tatsachen die Annahme rechtfertigen, dass eine wirksame Aufsicht über das Rückversicherungsunternehmen beeinträchtigt wird.«[62] Das »kann« zeigt hier ein Ermessen der Behörde an.[63]

Darüber hinaus wird von Juristen neben der präzisen Bezugnahme auf das Gesetz doch eine gewisse Nonchalance im Umgang mit dem Wortlaut erwartet. Der Rechtsanwender muss dem Wortlaut mehr oder weniger folgen und wissen, in welchen Fällen er im Wege der Analogie oder Extension über den Wortlaut hinausgehen und in welchen Fällen er im Wege der Reduktion dahinter zurückbleiben kann und muss.[64] So heißt es in § 1006 Abs. 1 Satz 1 BGB: »Zugunsten des Besitzers einer beweglichen Sache wird vermutet, dass er Eigentümer der Sache sei.« Die allenthalben befürwortete Handhabung dieser Vorschrift berührt zumindest die Grenzen des Wortlauts. Es wird angenommen, dass die Eigentumsvermutung nicht an das Innehaben jedweden Besitzes anknüpft, sondern es wird aus dem Besitz der Eigenbesitz vermutet und aus dem Eigenbesitzerwerb der Eigentumserwerb.[65]

IV. Sprache des Prüfers

Sprachliche Anforderungen sind in juristischen Prüfungen nicht nur an den Prüfling, sondern auch an den Prüfer gestellt. Diese erstrecken sich

61 § 437 BGB.

62 § 121 Abs. 1 Satz 2 VAG.

63 Bei der Anhörung eines des Deutschen nicht mächtigen Asylbewerbers ist nach § 17 Abs. 1 AsylVfG ein Sprachmittler hinzuzuziehen für seine Muttersprache oder eine andere Sprache, »deren Kenntnis vernünftigerweise vorausgesetzt werden kann«. Hier betrifft das »kann« nicht die Rechtsfolge, sondern den Tatbestand, a. A. Bundesministerium der Justiz (Hrsg.), Handbuch der Rechtsförmlichkeit (Fn. 60). Es ist nur dann erfüllt, wenn sich die Vermutung trägt, dass der Betroffene die Sprache beherrscht.

64 Beispiele bei *Steinweg*, Die Bindung des Richters an das Gesetz – am Beispiel des Bundesausbildungsförderungsgesetzes, in: Posser/Pünder/Schröder (Hrsg.), Rechtsgestaltung im öffentlichen Recht, Liber Amicorum für Dirk Ehlers, 2015, S. 533 (540 ff.).

65 *Baldus*, in: Säcker u.a. (Hrsg.), MüKo BGB, 6. Aufl. 2013, § 1006 Rn. 42 ff. m. w. N.

auf eine eindeutige Aufgabenstellung (1.), die Pflicht zur Begründung (2.), das Gebot der Sachlichkeit (3.) sowie die fremdsprachliche Kompetenz (4.).

1. Eindeutigkeit der Aufgabenstellung

Prüfer (oder Prüfungsamt) müssen die Prüfungsaufgabe so stellen, dass ein hinreichend vorbereiteter Prüfling unschwer zu erkennen vermag, welche Leistung von ihm verlangt wird.[66] Wird dagegen verstoßen, müssen verschiedene Deutungen im Rahmen des Antwortspielraums des Prüflings gelten gelassen werden. Mehrdeutig ist es beispielsweise, wenn in einer Klausur im staatlichen Teil der ersten Prüfung nach einem einleitenden Hinweis, der minderjährige K und seine Eltern wollten einer Inanspruchnahme durch eine Klage zuvorkommen, die beiden Fragen gestellt werden: »Welche Klage wäre zulässig? Kann K selbst Ansprüche vor Gericht geltend machen?« Dem Prüfling könnte entweder die volle Prüfung aller Zulässigkeitsvoraussetzungen oder aber nur die Prüfung der Statthaftigkeit der Feststellungsklage sowie der klägerbezogenen Zulässigkeitsvoraussetzungen aufgegeben sein.[67]

2. Begründungspflicht

Der Prüfer muss seine Bewertung verständlich, aber nur kurz begründen.[68] Aus der Prüferkritik muss zumindest in groben Zügen hervorgehen, welche Stärken und welche Schwächen in der Prüfungsleistung gesehen werden. Die maßgeblichen Gründe, die den Prüfer zu der abschließenden Bewertung veranlasst haben, müssen zwar nicht in den Einzelheiten, aber doch in den für das Ergebnis ausschlaggebenden Punkten erkennbar sein.[69] Die Subsumtion unter das eigene Anforderungsprofil kann der Prü-

---

66 *Niehues/Fischer/Jeremias*, Prüfungsrecht (Fn. 18), Rn. 396.

67 VG Hamburg, Urt. v. 25.9.2012, 2 K 1669/11, juris.

68 VG Gelsenkirchen, Urt. v. 23.8.2011, 18 K 4655/10, juris.

69 BVerwGE 91, S. 262; VG Berlin, Urt. v. 27.10.2004, 12 A 559/94, juris. Der Anspruch auf Neubewertung einer mündlichen Prüfungsleistung kann infolge Zeitablaufs wegen Unmöglichkeit erlöschen, *Niehues/Fischer/Jeremias*, Prüfungsrecht (Fn. 18), Rn. 615.

fer nicht dem Gericht oder dem Prüfling überlassen, da gerade in der Konkretisierung auf die einzelne Prüfungsleistung eine nur dem Prüfer zustehende prüfungsspezifische Wertung liegt.[70]

3. Gebot der Sachlichkeit

Es ist Aufgabe des Prüfers, die Stärken und Schwächen der Prüfungsleistung zu würdigen. Eine Befangenheit des Prüfers kann nicht deshalb angenommen werden, weil er bei der Korrektur einer Arbeit kritische Bemerkungen verwendet hat; die Grenze ist erst überschritten, wenn Anhaltspunkte dafür vorliegen, dass der Prüfer die gebotene sachliche Distanz verlassen hat.[71] Allein aus einer drastischen Ausdrucksweise des Prüfers wird man aber regelmäßig nicht auf eine unsachliche Bewertung der Prüfungsleistung schließen können.[72] Unsachlich wird die Bewertung erst dann, wenn der Prüfer seiner Verärgerung über schwache Prüfungsleistungen freien Lauf lässt und dadurch die Gelassenheit und emotionale Distanz verliert, ohne die eine gerechte Beurteilung schwerlich gelingen kann.[73] Bei mündlichen Prüfungen muss die mit den unsachlichen Äußerungen eines Prüfers einhergehende Verunsicherung des Prüflings berücksichtigt werden, die Auswirkung auf die Leistungsfähigkeit haben kann; dies ist ein Gebot der Fairness gegenüber dem Prüfling.[74]

4. Fremdsprachliche Kompetenz

Ein wunder Punkt dürfte bei manchem Prüfer die fremdsprachliche Kompetenz sein. Diese Kompetenz mag in seiner eigenen Ausbildung noch nicht gepflegt worden sein und in seiner beruflichen Praxis eine systematische nachhaltige Fortbildung noch erwarten.

---

70 VG Hamburg, Urt. v. 13.5.2015, 2 K 189/14, juris.

71 OVG Magdeburg, Urt. v. 11.12.2003, 2 L 265/02, juris.

72 BVerwG, NJW 2012, S. 2054 ff.

73 BVerwGE 70, S. 143 (153). Zur (im Einzelfall nicht zu beanstandenden) Bezeichnung von Ausführungen als »abwegig« VG Hamburg, Urt. v. 27.3.2013, 2 K 2895/11.

74 BVerwGE 107, S. 363.

V. Ausblick

»Die Ausbildung zum Volljuristen soll feststellen, ob der Prüfling zu selbständiger, eigenverantwortlicher Tätigkeit in allen Bereichen der Rechts- und Verwaltungspraxis fähig ist.«[75] Demgemäß – so heißt es etwa im einschlägigen hamburgischen Landesrecht – soll geprüft werden, ob der Referendar zur Erfassung von Sachverhalten mit ihren rechtlichen, sozialen und wirtschaftlichen Grundlagen imstande ist, und ob er Aufgaben der beurteilenden und gestaltenden Rechtsanwendung methodisch bearbeiten und seine Ergebnisse sachgerecht begründen kann.[76]

Ob juristische Prüfungen diesen Anforderungen besser genügen könnten, als sie es in ihrer bisherigen Ausgestaltung vermögen, ist eine offene Frage. Baustellen dürften hier insbesondere sein:

- Fremdsprachliche Kompetenzen von Prüfling und Prüfer.
- Der Tiefgang der Prüfung nicht nur in inhaltlicher Hinsicht, sondern auch in Hinsicht auf die kommunikativen Fähigkeiten und Fertigkeiten.
- Die Kommunikation mit Nicht-Juristen.

---

75 So ausdrücklich § 4 Abs. 1 der Länderübereinkunft, s. Fn. 7.

76 § 4 Abs. 2 der Länderübereinkunft, s. Fn. 7.

Schreibaufgabe »Gutachten« – Eine Betrachtung des Erwerbs von Textkompetenz im Jurastudium

Volker Emmrich

I. Anliegen

Das Erlernen des Gutachtenstils ist eine der zentralen Aufgaben, die Studenten im Studium der Rechtswissenschaft bewältigen müssen. So geht es aus zahlreichen rechtswissenschaftlichen Beiträgen[1] und Kommentaren seitens der Studierenden hervor[2] und so zeigt es sich auch in dem Umstand, dass auf den Gutachtenstil in Urteilen über die Bewertung der ersten juristischen Staatsprüfung Bezug genommen wird.[3] Das Erlernen des Gutachtenstils ist also eine Kompetenz, die Studenten erwerben müssen, um ihr Studium erfolgreich beenden zu können.

Auch *Petersen* beginnt seinen Beitrag zu Subsumtionsfehlern mit der Bemerkung, dass die juristische Ausbildung bis zum ersten Staatsexamen durch das Erlernen des Gutachtenstils bestimmt werde, und er ergänzt, dass vor allem der Teilbereich der Subsumtion über die Prüfungsergebnis-

---

1 Angesprochen bei: *Valerius*, Einführung in den Gutachtenstil, 2009; *Mix*, Schreiben im Jurastudium, 2011. Sehr deutlich in den Beiträgen von *Schnapp*: *Schnapp*, Das Kreuz mit dem Konjunktiv, Jura 2002, S. 32 ff.; *ders.*, Augen zu und »durch«? Von der Schwierigkeit im Umgang mit Präpositionen, Jura 2002, S. 312 ff.; *ders.*, Das vertrackte »Verbindungs«-Wesen – Zum richtigen Gebrauch von Konjunktionen, Jura 2002, S. 599 ff.; *ders.*, Krebsübel Substantivitis? Der richtige Umgang mit dem Nominalstil, Jura 2003, S. 173 ff.; *ders.*, Wie entspricht man dem Gebot der Knappheit?, Jura 2003, S. 602 ff.; *ders.*, Aktiv oder Passiv. Das Leiden an der Leideform, Jura 2004, S. 526 ff.; *ders.*, Das Gebot der Sachlichkeit, Jura 2006, S. 583 ff. Letztlich kommt diese Aussage in zahlreichen Beiträgen zum Gutachtenstil (vgl. Literatur zu diesem Beitrag) zum Ausdruck.

2 http://www.juraforum.de/forum/t/hilfe-habe-probleme-mit-dem-gutachtenstil-1-semester.377784/; http://forum.jurawelt.com/viewtopic.php?f=46&t=42157; http://www.juraexamen.com/forum/viewtopic.php?f=6&t=15390; http://www.rechtspflegerforum.de/archive/index.php/t-47310.html; http://www.studis-online.de/Fragen-Brett/read.php?99,1740872 (11.08.2015).

3 OVG NRW, Urteil v. 27.08.2009 – 14 A 313/09, juris.

se entscheide.[4] Und auch die Einleitung von *Walters* Beitrag zum juristischen Stil beinhaltet eine ähnliche Empfehlung: »Fragen des sprachlichen Stils sollten den Juristen vom ersten Tag seines Studiums an beschäftigen, denn der Jurist braucht die Sprache ‚wie der Zahnarzt den Bohrer'«[5]. Während sich beide Autoren einleitend über den Stellenwert des Gutachtenstils im Studium der Rechtswissenschaft einig sind, zeigen die in den beiden Beiträgen behandelten Themen eine gewisse semantische Unschärfe bzw. eine begriffliche Breite des Themas »juristischer (Gutachten-) Stil«: *Petersen* behandelt in seinem Beitrag die Subsumtionstechnik und bespricht Beispiele für die zugehörigen Textteile. Im Gegensatz dazu behandelt *Walter* Aspekte des sprachlichen Stils – Aspekte des Ausdrucks. Beide Beiträge widmen sich auf ihre Art dem Gutachtenstil.

Das Schreiben rechtswissenschaftlicher Gutachten muss erlernt, der rechtswissenschaftliche Gutachtenstil erst einmal beherrscht werden. Man muss jedoch präzisieren, worauf man sich bezieht, wenn man davon spricht, was erlernt werden muss. Der Vergleich der beiden Beiträge von *Petersen* und *Walter*[6] kann dabei den Umstand verdeutlichen, dass bei einem Text und somit auch bei einer Textsorte wie dem rechtswissenschaftlichen Gutachten immer zwei sich ergänzende Ebenen des Textes betrachtet werden können: die Form und die Funktion. Dieses für die Semiotik und für die gesamte Linguistik wesentliche Begriffspaar[7] soll im Folgenden auf die Textsorte Gutachten bezogen werden.

Die Textfunktion als übergeordnete Größe[8] kann als begründete Antwort auf eine Rechtsfrage verstanden werden.[9] Dieser Hauptfunktion untergeordnet, können Teiltexte mit Teilfunktionen unterschieden werden[10]:

4 *Petersen*, Typische Subsumtionsfehler in (straf)rechtlichen Gutachten, Jura 2002, S. 105 (105).

5 *Walter*, Über den juristischen Stil, Jura 2006, S. 344 (344).

6 *Petersen*, Typische Subsumtionsfehler in (straf)rechtlichen Gutachten (Fn. 4); *Walter*, Über den juristischen Stil (Fn. 5), S. 344.

7 *De Saussure*, Grundfragen der allgemeinen Sprachwissenschaft, 2001. Das semiotische Modell von *de Saussure* wird hier als ein Grundmodell des sprachlichen Zeichens angeführt. Die semiotische Kopplung von Form und Funktion stellt eine Reduktion bzw. Abwandlung dar.

8 *Gloning*, »Man schlürft Schauspielkunst…« Spielarten der Theaterkritik, in: Hagestedt (Hrsg.), Literatur als Lust, 2008, S. 59 ff.

9 *Wolf*, Bemerkungen zum Gutachtenstil, JuS 1996, S. 30 ff.

10 *Schröder*, Die Handlungsstruktur von Texten – Ein integrativer Beitrag zur Texttheorie, 2003.

Es wird eine These aufgeworfen, es wird definiert und subsumiert, und letztlich wird eine Schlussfolgerung gezogen.[11] Innerhalb einiger dieser stark konventionalisierten Teilfunktionen können womöglich wiederum Teilfunktionen (z.B. Einführen einer Position, Argumentieren für/gegen, das Nennen von Gegenargumenten, das Entkräften von Gegenargumenten) unterschieden werden oder weitere, weniger konventionelle Teiltexte/-funktionen treten hinzu. Das Erlernen des Gutachtenstils wird in den rechtswissenschaftlichen Beiträgen zum Thema vor allem auf solche funktionalen Aspekte – gepaart mit thematischen – bezogen: Es geht um das Sequenzmuster der funktionalen Teiltexte (Wird das vierschrittige Prüfungsschema eingehalten oder wird es verkürzt?), es geht um den Umfang der Teiltexte und das Erkennen und Setzen von Schwerpunkten bei der Argumentation – alles ausgerichtet an der Thematik des Falls. Aus einer formorientierten Perspektive auf den Gutachtenstil ist nun die Frage zu stellen, mit welchen sprachlichen Mitteln die genannten Funktionen realisiert werden können.

Es verwundert nicht, dass die funktionale – die thematische, die inhaltliche – Perspektive im Studium der Rechtswissenschaft dominiert – sie begründet ja letztlich die Notwendigkeit desselben. Die Dominanz der funktionalen Perspektive ist auch umso verständlicher, wenn man den Umgang mit Sprache, den Umgang mit Texten und das Schreiben als in der Schule erlernte Kompetenzen auffasst, die dann lediglich angewendet werden müssen. Ein zunehmende Zahl von Beiträgen der Rechtswissenschaft hat die Notwendigkeit eines ebenso formorientierten Blicks auf den Gutachtenstil teilweise erkannt und realisiert[12] und auch entsprechende Program-

---

11 *Petersen*, Typische Subsumtionsfehler in (straf)rechtlichen Gutachten (Fn. 4).

12 *Möllers*, Juristischer Stil, JuS-Lernbogen 2001, L 81; *Wolf*, Bemerkungen zum Gutachtenstil (Fn. 9), S. 30; *Fahl*, Bemerkungen zum Urteilsstil, JuS 1996, S. 280; *Schnapp*, Das Kreuz mit dem Konjunktiv (Fn. 1), S. 32; *Franck*, Zur Verwendung des Konjunktivs für den Lösungsansatz in einem Gutachten, JuS 2004, S. 174 ff.; *Knödler*, Zur Vermeidung von formalen Fehlern in Klausuren, JuS-Lernbogen 2000, L 65; *Körber*, 20 Regeln für die zivilrechtliche Fallbearbeitung, JuS-Lernbogen 1998, L 73; *Kerbein*, Darstellung eines Meinungsstreits in Klausuren und Hausarbeiten, JuS 2002, S. 353 ff.

me zur Schreibförderung an Universitäten[13] zeigen, dass man sich nicht allein auf die textfunktionale Perspektive konzentrieren darf.

In diesem Zusammenhang ist es zum einen das Anliegen dieses Beitrags, die Notwendigkeit einer formorientierten – neben einer funktionsorientierten – Vermittlung der Textsorte Gutachten im Rahmen der Theorien der Textproduktions- und Schreibforschung zu begründen, indem die folgenden Annahmen, die ich aus *Katrin Lehnens* Teil des gemeinsamen Vortrags übernehme, erläutert werden:

1. Wissenschaftliches Schreiben ist immer problemlösendes Handeln[14] und Ausdruck einer domänen- und disziplinspezifischen Texttradition.[15]
2. Das Schreiben in einem Fach, die Produktion einer fachspezifischen Textsorte, muss erlernt werden.[16]
3. Das Schreiben ist nicht nur Lern- oder Denkmedium – also nicht nur eine Möglichkeit, die Subsumtionstechnik, Probleme bestimmter Fallkonstellationen, Definitionen und Argumente für und gegen bestimmte Meinungen einzuüben und zu verstehen –, sondern auch Lerngegen-

13 Programme wie: PunktUm-Jura (http://www.uni-bielefeld.de/Universitaet/Studium/Studienbegleitende%20Angebote/Punktum/010_beratung_training/040_fachsprache_jura/index.html); Seminarangebote: http://jura.uni-erlangen.de/tutorien/gutachtenstil.shtml; Klausurenkliniken findet man an einigen Universitäten (hier liegt kein Schwerpunkt auf der Formseite der Sprache): http://www.jura.uni-freiburg.de/ex_o_rep/klausurenklinik (alle 11.08.2015).

14 Vgl. *Hayes/Flowers*, Identifying the organisation of writing processes, in: Lee/Erwin (Hrsg.), Cognitive processes in writing, 1980, S. 3; *Bereiter*, Development in writing, in: Lee/Erwin (Hrsg.), Cognitive processes in writing, 1980, S. 73.

15 *Bazerman*, Shaping Written Knowledge, 1988; *Pogner*, Schreiben im Beruf als Handeln im Fach, 1999; *Lehnen*, Disziplinenspezifische Schreibprozesse und ihre Didaktik, in: Lévy-Tödter/Meer (Hrsg.), Hochschulkommunikation in der Diskussion, 2009, S. 281 ff.

16 *Feilke/Steinhoff*, Zur Modellierung der Entwicklung wissenschaftlicher Schreibfähigkeiten, in: Ehrlich/Steets (Hrsg.), Wissenschaftlich schreiben – lehren und lernen, 2003, S. 112 ff.; *Pohl*, Studien zur Ontogenese wissenschaftlichen Schreibens, 2007; *Steinhoff*, Wissenschaftliche Textkompetenz. Sprachgebrauch und Schreibentwicklung in wissenschaftlichen Texten von Studenten und Experten, 2007.

stand,[17] der selbst einen Platz in der universitären Lehre beanspruchen kann.

Zum anderen soll der vorliegende Beitrag exemplarisch zeigen, welchen Beitrag Analysen im Rahmen der Theorien der Textproduktions- und Schreibforschung zur Aufbereitung der Textsorte für die Lehre leisten können. In diesem Zusammenhang werde ich einen kurzen Einblick in mein Dissertationsprojekt geben und versuchen, mögliche Vorteile einer Analyse der Textsorte Gutachten im Rahmen linguistischer Theorie und Methodik herauszuarbeiten.

II. Texttradition, Lernprozess, Lerngegenstand – ‚R/recht sprechen' neu lernen

1. Schreiben ist problemlösendes Handeln

Ein Teilgebiet der Linguistik, die sogenannte Pragmatik, konzentriert sich – wie es beispielsweise aus der Sprechakttheorie von *Austin/Searle*[18] hervorgeht – auf das Handeln mit Sprache: Wenn wir sprechen, dann handeln wir auch. Sprachliche Äußerungen haben einen Effekt auf die reale Welt. Sie können ein Problem lösen – eine Aufgabe erfüllen. Ein Sprecher nutzt Sprache, um ein Ziel zu erreichen. Schon *Ludwig Wittgenstein* beschreibt Wörter als Werkzeuge, die bestimmte Funktionen – für den Sprecher – erfüllen können.[19] Dabei ist das Handeln mit Sprache nicht auf Äußerungen oder gar Wörter beschränkt:

> »Komplexe sprachliche Äußerungen, zum Beispiel Sätze, werden aufgebaut aus kleineren Elementen mit jeweils unterschiedlichen Funktionen. So kann man die sprachlichen Mittel mit einem Werkzeugkasten bzw. mit einem Bau-

---

17 *Bräuer*, Schreiben als reflexive Praxis, 2000; *Molitor-Lübbert*, Schreiben und Denken. Kognitive Grundlagen des Schreibens, in: Perrin et al. (Hrsg.), Schreiben. Von intuitiven zu professionellen Schreibstrategien, 2002; *Lehnen*, Wie sich das Schreiben für die Sprachreflexion in der Schule nutzen lässt – und umgekehrt. Ansätze einer reflexiven Schreibdidaktik, in: Arendt/Kiesendahl (Hrsg.), Sprachkritik in der Schule. Theoretische Grundlagen und ihre praktische Relevanz, 2011, S. 141 ff.; *Pohl/Steinhoff*, Textformen als Lernformen, in: dies. (Hrsg.), Textformen als Lernformen, 2010, S. 5 ff.

18 *Austin*, Zur Theorie der Sprechakte. How to do things with words, 1986; *Searle*, Sprechakte. Ein sprachphilosophischer Essay, 1983.

19 *Wittgenstein*, Philosophische Untersuchungen, 1984.

> kasten vergleichen, aus dessen Elementen die SprecherInnen geeignete Werkzeuge für ihre kommunikativen Ziele zusammenbauen. Texte können im Anschluss an dieses Bild betrachtet werden als Werkzeuge für komplexe sprachliche Handlungen, bei deren Vollzug ganz unterschiedliche Teilfunktionen, unterschiedliche kommunikative Aufgaben erledigt werden müssen.«[20]

Ein Text ist also ein komplexes Problemlösungswerkzeug. Auch der Schreibprozess selbst ist in dieser Hinsicht komplex organisiert – was man schon dem Modell von *Hayes/Flowers* (Abb. 1) aus dem Jahr 1980 entnehmen kann: Der Schreibprozess erfordert Planung und Organisation, umfasst Strategien der Versprachlichung und erfolgt in Abhängigkeit von Faktoren wie der Schreibaufgabe und dem bisher produzierten Text.

Abb. 1: Graphische Überarbeitung des Modells von Hayes/Flowers, Fn. 14

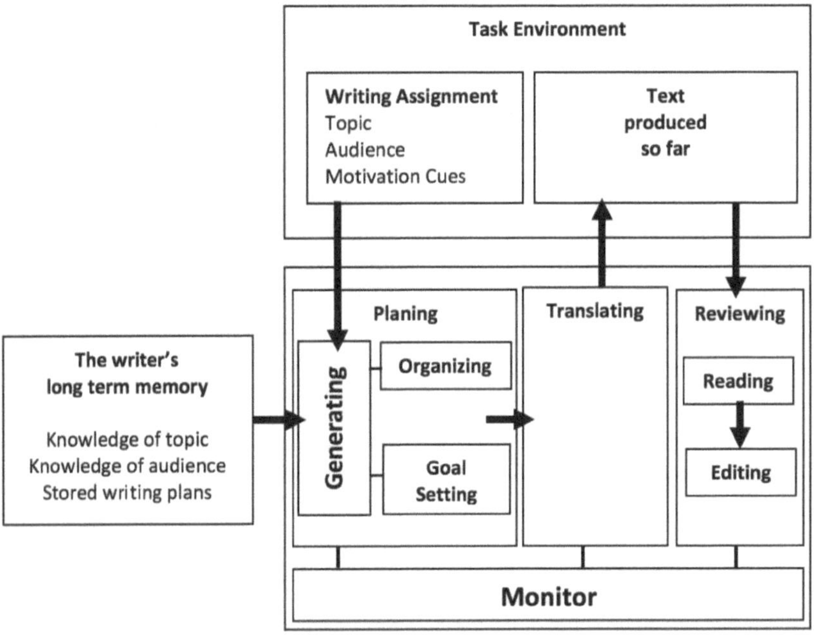

20 *Gloning,* »Man schlürfte Schauspielkunst…« Spielarten der Theaterkritik (Fn. 8), S. 59 ff.

Im Rahmen dieses Beitrags soll jedoch der Fokus auf dem Text selbst als Problemlösewerkzeug – als Werkzeug zur begründeten Antwort auf eine Rechtsfrage[21] – liegen.

2. Schreiben als Ausdruck einer disziplinspezifischen Texttradition

Will ein Student der Rechtswissenschaft das ihm vorgelegte Problem und seine Teilprobleme lösen, könnte er eine individuelle Lösung für diese Aufgabe finden. Beim Lesen und Schreiben erster Texte wird der Student aber beginnen, sich an anderen Texten zu orientieren und selbst Problemlösestrategien zu entwickeln. Die Texte, an denen er sich orientiert, konstituieren in ihrer Gesamtheit bzw. in der Schnittmenge ihrer Teilhandlungen ein Werkzeug, das sich für die kommunikative Aufgabe etabliert hat. An dieser Stelle möchte ich den Begriff der Textsorte einbringen. *Beckmann/König* erklären die Entstehung einer Textsorte mit Bezug auf *Rudi Kellers* Invisible-Hand-Modell[22] und führen aus, dass Muster dann entstehen, »wenn in Verfolgung individueller Ziele immer wieder ähnliche Lösungswege gewählt werden«[23]. *Keller* selbst wählt hier auch die Metapher des Trampelpfads, der nicht bewusst angelegt wird, sondern als Nebenprodukt individueller Zielsetzung bei ähnlicher Lösung entsteht. *Gloning* beschreibt Textsorten als »etablierte, mehr oder weniger stark konventionalisierte Lösungsmuster für wiederkehrende Aufgaben, die sich historisch entwickelt und verfestigt haben«[24]. Das Problemlösungswerkzeug bzw. die Textsorte Gutachten hat sich also historisch entwickelt[25] und kann heute als stark konventionalisierte Textsorte angesehen werden, was sich auch deutlich in dem vierschrittigen Subsumtions-Zyklus zeigt. Während es vorteilhaft ist, dass der Student kein Problemlösewerkzeug in Form eines Textes individuell entwerfen muss, so bedeutet dies gleichzeitig, dass er sich den Konventionen der Diskursgemeinschaft, der etablierten Textsorte des Fachs, anpassen muss. Insofern bedingt das Schreiben im Studi-

---

21 *Wolf,* Bemerkungen zum Gutachtenstil (Fn. 9), S. 30.

22 *Keller*, Sprachwandel. Von der unsichtbaren Hand in der Sprache, 1990, S. 110 f.

23 *Beckmann/König*, Wie ein Textmuster entsteht, in: Grazer Linguistische Studien 1995, S. 1 (12).

24 *Gloning*, »Man schlürfte Schauspielkunst…« Spielarten der Theaterkritik (Fn. 8), S. 62.

25 *Stuckenberg*, Der juristische Gutachtenstil als catechistische Methode, in: Freund et al. (Hrsg.), Festschrift für Wolfgang Frisch, 2013, S. 165.

um der Rechtswissenschaft die Aneignung dieser Kommunikationsformen, da vor allem die Bewertung des Textes von den fachspezifischen Anforderungen an den Text abhängt.[26] Die Diskursgemeinschaft hat also konkrete Vorstellungen, wie die Textsorte aussehen soll. Die Textsorte kann sich dabei zum einen als Folge der Aufgaben der Diskursgemeinschaft entwickelt haben. Sie kann aber auch Ausdruck ihrer Ideologie sein.[27] Das Erlernen der Textsorte selbst beinhaltet insofern auch das Verstehen des fachspezifischen Erkenntnisinteresses, seiner Gegenstände, seiner Ideologie.[28]

3. Schreiben als Erwerbsprozess – Jurastudenten müssen sich schneller orientieren!

Dass das Erlernen wissenschaftlichen Schreibens ein Erwerbsprozess ist, haben zahlreiche Beiträge nachgewiesen.[29] *Steinhoff* spricht in Bezug auf das Schreiben von einem lebenslangen Erwerbsprozess und führt aus, dass wesentliche wissenschaftssprachliche Fähigkeiten erst in der Domäne während des Studiums erworben werden.[30] Dabei beschreibt *Steinhoff* den Erwerbsprozess als stufenförmig und von den Anforderungen abhängend. Der Verlauf kann in Abhängigkeit vom jeweiligen Studenten langsam ansteigend oder sprunghaft sein.[31] Mit Bezug auf die Theorie *Piagets*[32] präzisiert er:

> »Zu Beginn der Entwicklung ist ein kontextinadäquater Sprachgebrauch zu erwarten. Dabei dominieren Assimilationsprozesse – der Schreiber versucht die neuen Probleme mit bekannten, domänenuntypischen Mitteln zu lösen

26 Vgl. *Lehnen,* Disziplinenspezifische Schreibprozesse und ihre Didaktik (Fn. 15), S. 281; *Pogner,* Schreiben im Beruf als Handeln im Fach (Fn. 15), S. 145.

27 *Pogner,* Schreiben im Beruf als Handeln im Fach (Fn. 15), S. 145.

28 Ebd.

29 *Feilke/Steinhoff,* Zur Modellierung der Entwicklung wissenschaftlicher Schreibfähigkeiten (Fn. 16); *Pohl,* Studien zur Ontogenese wissenschaftlichen Schreibens (Fn. 16); *Steinhoff,* Wissenschaftliche Textkompetenz. Sprachgebrauch und Schreibentwicklung in wissenschaftlichen Texten von Studenten und Experten (Fn. 16).

30 *Steinhoff,* Wissenschaftliche Textkompetenz. Sprachgebrauch und Schreibentwicklung in wissenschaftlichen Texten von Studenten und Experten (Fn. 16), S. 149.

31 Ebd.

32 *Piaget,* Nachahmung, Spiel und Traum, 1969.

> (Transposition) – oder Akkomodationsprozesse – der Schreiber versucht [!] die neuen Probleme mit neuen, domänentypischen Mitteln zu lösen, beherrscht diese Mittel aber nur unzureichend, ahmt sie nach (Imitation). Es folgt die Stufe der Transformation: Das wissenschaftliche Ausdrucksspektrum wird aufgebaut, der Schreiber nähert sich mit seinen Formulierungen dem wissenschaftlichen Common sense an. Dieser Prozess ist begleitet von charakteristischen Formulierungsbrüchen. Ihren (vorläufigen) Abschluss findet die Entwicklung dann, wenn der Text des Lerners konventionell, also domänentypisch und kontextadäquat ist (kontextuelle Passung).«[33]

Steinhoffs anschließende Analysen beziehen sich auf Hausarbeiten aus den Fächern Geschichtswissenschaft, Literaturwissenschaft, Linguistik, Soziologie, Philosophie und Erziehungswissenschaften. Wenngleich *Steinhoffs* Darstellung m.E. auch auf rechtswissenschaftliche Gutachten und den Erwerbsprozess anwendbar ist, bleibt zu bedenken, dass sich die Textsorten in den genannten Fächern hinsichtlich des Grades der Konventionalisierung und der für die Textsorte geltenden Maximen[34] deutlich von rechtswissenschaftlichen Gutachten unterscheiden könnten. Zutreffend bemerkt *Gloning* auf der Basis seiner Analysen von Theaterkritiken, dass es sich bei Textsorten um Darstellungstraditionen handelt, zu denen aber auch Realisierungs- und Variationsspielräume gehören.[35] Und eben dieser Spielraum könnte im Rahmen der Textsorte Gutachten gegenüber den von *Steinhoff* betrachteten Textsorten geringer sein. Sicherlich bietet auch das Gutachten Realisierungsspielräume, wie es u.a. aus dem Beitrag *Kerbeins* zu Darstellungsformen des Meinungsstreits hervorgeht.[36] Dennoch könnte die Orientierung am vierschrittigen Subsumtionsmuster eine sehr frühe Orientierung der Studenten an der fachspezifischen Texttradition verlangen. Während Hausarbeiten im Bereich der Linguistik als didaktische Gattungen das Erfassen von Funktion (Wissensproduktion), Werten (Originalität, Intersubjektivität) und Funktionsbereichen (u.a. Intertextualität, Text-

---

33 *Steinhoff,* Wissenschaftliche Textkompetenz. Sprachgebrauch und Schreibentwicklung in wissenschaftlichen Texten von Studenten und Experten (Fn. 16), S. 150.

34 Vgl. *Gloning,* »Man schlürfte Schauspielkunst…« Spielarten der Theaterkritik (Fn. 8), S. 59 ff.

35 *Gloning,* »Man schlürfte Schauspielkunst…« Spielarten der Theaterkritik (Fn. 8), S. 62.

36 *Kerbein,* Darstellung eines Meinungsstreits in Klausuren und Hausarbeiten (Fn. 12).

kritik, Begriffsbildung[37]) ermöglichen sollen, müssen Studenten der Rechtswissenschaft beim Einüben des Gutachtenstils früh die Konventionen der Textsequenzierung – der Anordnung funktionaler Textbausteine[38] – beachten, was auch die sofortige Orientierung an Strategien der Versprachlichung bedingt.

Abb. 2: Feilke, Ausdifferenzierung von Referierroutinen (2010), S. 225[39]

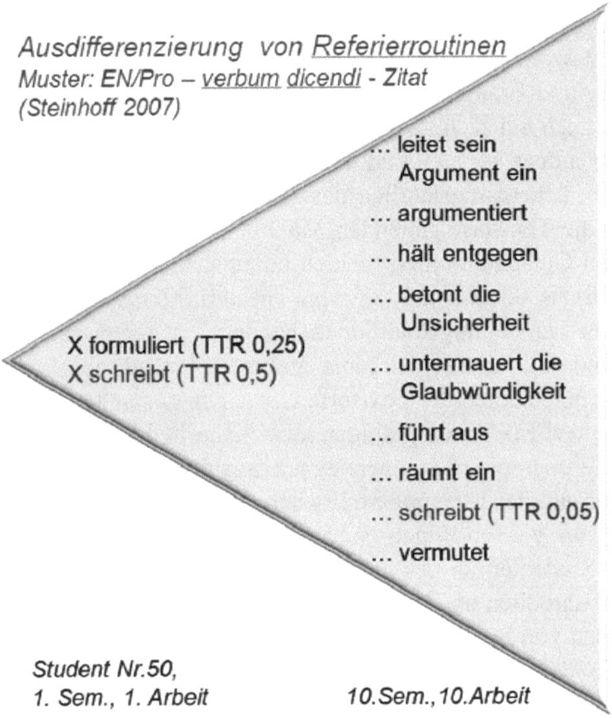

---

37 *Steinhoff,* Wissenschaftliche Textkompetenz. Sprachgebrauch und Schreibentwicklung in wissenschaftlichen Texten von Studenten und Experten (Fn. 16), S. 129.

38 *Gloning*, Funktionale Textbausteine in der historischen Textlinguistik. Eine Schnittstelle zwischen der Handlungsstruktur und der syntaktischen Organisation von Texten, in: Ziegler (Hrsg.), Historische Textgrammatik und historische Syntax des Deutschen. Tradition, Innovation, Perspektiven, 2010, S. 173 ff.

39 *Feilke*, Schriftliches Argumentieren zwischen Nähe und Distanz am Beispiel wissenschaftlichen Schreibens, in: Ágel/Hennig (Hrsg.), Nähe und Distanz im Kontext variationslinguistischer Forschung, 2010, S. 209.

Abbildung 3 zeigt, wie ein bekanntes Problemlösewerkzeug zu Beginn eingesetzt wird und im Laufe des Erwerbsprozesses durch ein domänentypisches ersetzt wird.

Abb. 3: Verwendung von »meiner Meinung«« und m.E. im Erwerbsprozess, Steinhoff (Fn. 16), S. 244

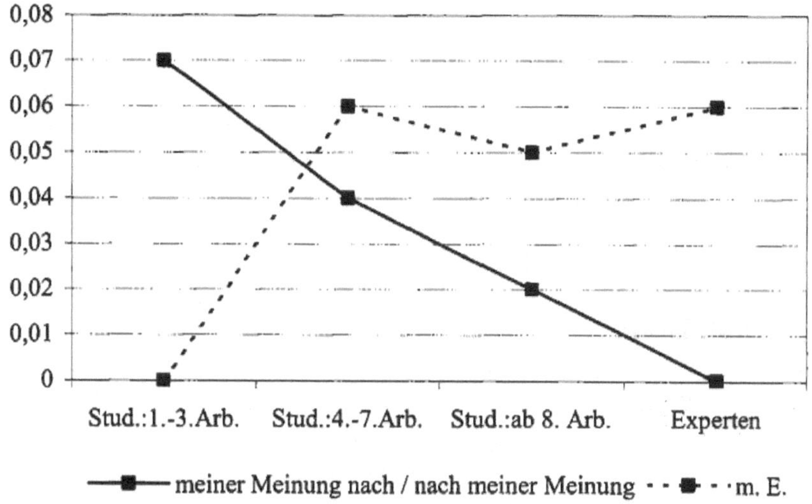

Im Vergleich zum rechtswissenschaftlichen Gutachten möchte ich an dieser Stelle eine Überlegung klar formulieren, die dann im zweiten Abschnitt dieses Beitrags wieder aufgegriffen werden soll: Da juristische Gutachten nicht nur hinsichtlich ihrer Funktion, ihrer Werte und Teilfunktionen im Rahmen der Domäne Recht mit ihrem fachspezifischen Erkenntnisinteresse erlernt werden müssen, sondern zudem die Kenntnis spezieller, stark konventionalisierter Textbausteine und Sequenzierungsmuster verlangen und so bei der Realisierung von Textfunktion, Werten und Funktionsmodulen weniger Spielraum lassen, erfordert der Erwerbsprozess von Anfang an eine Orientierung an den konventionalisierten sprachlichen Werkzeugen der Textsorte und erlaubt womöglich weniger Rückgriff auf »domänenuntypische Mittel«[40]. Mit dieser Überlegung – und be-

40 *Steinhoff*, Wissenschaftliche Textkompetenz. Sprachgebrauch und Schreibentwicklung in wissenschaftlichen Texten von Studenten und Experten (Fn. 16), S. 150.

vor sie wieder im Rahmen des zweiten Abschnitts des Beitrags aufgegriffen wird – soll ein letzter, diesen ersten Abschnitt abschließender Gedanke ausgeführt werden.

4. Gutachten – nicht nur Lernmedium, sondern auch Lerngegenstand

Mit Bezug auf die Arbeiten von *Bereiter*[41], *Eigler*[42] und *Molitor-Lübbert*[43] unterscheidet *Lehnen* zwei Perspektiven auf das Schreiben – zwei Möglichkeiten, es zu nutzen: Es ist erstens Lern- und Denkmedium und zweitens Lerngegenstand.[44] Sie hält fest, dass beide Dimensionen eng miteinander verbunden sind, und weist zugleich darauf hin, dass die Möglichkeit didaktisch unterschiedlicher Akzentuierung besteht.[45] Diese Unterscheidung von Schreiben als Lernmedium und Lerngegenstand findet sich in zahlreichen Arbeiten aus dem Bereich der Textproduktions- und Schreibforschung[46] und dient auch *Pohl* als grundlegende Unterscheidung bei seiner Betrachtung wissenschaftlicher Texte.[47] *Pohl* weist darauf hin, dass es sich bei studentischen Hausarbeiten um eine Lernform handelt, und beschreibt sie zuerst als Lernmedium:

> »Mit ihren wissenschaftlichen Texten sollen Studierende ihre individuellen Lernerfolge unter Beweis stellen, indem sie ihren Lehrenden zeigen, inwieweit sie Detailkenntnisse und Analysefähigkeiten in einem wissenschaftlichen Feld erworben, inwieweit sie die einschlägige Fach- und Forschungsliteratur zur Kenntnis genommen und erfolgreich rezipiert haben – schließlich: inwieweit sie sich methodisch geleitet und in kritisch argumentativer Distanzierung mit einem bestehenden Wissens-/Kenntnisstand auseinandersetzen können.«[48]

---

41 *Bereiter*, Development in writing (Fn. 14), S. 73.

42 *Eigler*, Text verarbeiten und Text produzieren. Entwicklungstendenzen angewandter kognitiver Wissenschaft, Unterrichtswissenschaft 1985, S. 301 ff.

43 *Molitor-Lübbert*, Schreiben und Denken. Kognitive Grundlagen des Schreibens (Fn. 17).

44 *Lehnen*, Wie sich das Schreiben für die Sprachreflexion in der Schule nutzen lässt – und umgekehrt. Ansätze einer reflexiven Schreibdidaktik (Fn. 17), S. 141 ff.

45 Ebd.

46 Verschiedene Beiträge in: Pohl/Steinhoff (Hrsg.), Textformen als Lernformen, 2010.

47 *Pohl*, Das epistemische Relief wissenschaftlicher Texte – systematisch und ontogenetisch, in: Pohl/Steinhoff (Fn. 46), S. 97 ff.

48 Ebd.

Das erstarkende Bewusstsein für die Perspektivierung als Lerngegenstand stellt *Pohl* wie folgt dar:

> »Dass es sich bei den wissenschaftlichen Schreibversuchen von Studierenden aber auch um Textformen als Lernformen im weiteren Sinne handelt, also ein Schreiben, das nicht allein als Medium, sondern auch als Gegenstand des Lernens fungiert, indem die epistemischen Möglichkeiten gewissermaßen zurückwirken auf den Schreibprozess und das zu verfertigende Schreibprodukt selbst, dessen ist man sich erst in der jüngeren Vergangenheit bewusst geworden: angefangen mit der Aufmerksamkeit für so bezeichnete »Schreibprobleme« von Studierenden [...], über die Anstrengungen [!] jene Schreibprobleme auf vornehmlich instruierendem Wege mittels Schreibkursen und Schreibberatung zu kurieren [...] bis hin zu einer empirisch fundierten Erforschung der Entwicklungs- und Erwerbskonstellation studentischen Schreibens (*Pohl* 2007; *Steinhoff* 2007).«[49]

Wenn man *Pohls* Annahmen nun auf das Studium der Rechtswissenschaft und das Schreiben rechtswissenschaftlicher Gutachten überträgt, kann man m.E. leicht erkennen, wann das Gutachten als Lernmedium – auch Prüfungsmedium – im Vordergrund steht: Prüfen von Merkmalen, Wiedergabe der Definitionen, Subsumieren, Wiedergabe von Meinungen, Gewichten von Problemen – um nur einige zu nennen. Die Grenzen zum Schreiben als Lerngegenstand sind – wie mit Bezug auf *Lehnen* bemerkt wurde[50] – fließend. An dieser Stelle lässt sich auch das Begriffspaar Form und Funktion wieder aktivieren. Nahe der Perspektive auf das Gutachten als Lernmedium steht auch die textfunktionale Betrachtung des Textes: Welche Teilhandlungen werden vorgenommen und welche Sequenzierung liegt vor – m.a.W. wird die Subsumtionstechnik in ihren Teilen eingehalten? Es bleibt nun die Frage, wie man den Weg zur formorientierten Perspektive auf den Text finden kann.

In Zusammenhang mit *Lehnens* Überlegung zum fließenden Übergang wurde auch betont, dass die Unterscheidung vor allem eine der didaktischen Akzentuierung ist. In diesem Zusammenhang scheint eine Möglichkeit, das Gutachten als Lerngegenstand zu akzentuieren, eine Fokussierung auf die Formseite zu sein – ohne dabei jedoch die textfunktionale Perspektive zu vernachlässigen. Es geht um Akzentuierung. Deshalb soll

---

49 Ebd.; *Pohl*, Studieren zur Ontogenese wissenschaftlichen Schreibens (Fn. 16); *Steinhoff*, Wissenschaftliche Textkompetenz. Sprachgebrauch und Schreibentwicklung in wissenschaftlichen Texten von Studenten und Experten (Fn. 16).

50 *Lehnen*, Disziplinenspezifische Schreibprozesse und ihre Didaktik (Fn. 15), S. 281 ff.

im Folgenden ein Zugang zu Text und Textsorte präsentiert werden, der versucht, die im engeren Sinn rechtswissenschaftlichen Gegenstände zu deakzentuieren, den Schwerpunkt somit vom Gutachten als Lernmedium zum Gutachten als Lerngegenstand zu verschieben und dabei gleichzeitig vom neuen Ausgangspunkt »Form« die Funktion nicht aus dem Blick zu verlieren. Dabei können theoretische, methodische und mit Bezug auf das Erkenntnisinteresse verschiedene Aspekte analysiert werden. Die folgende Untersuchung konzentriert sich hierbei auf das Textprodukt und nicht den Schreibprozess, auf die Textsorte in überindividueller, prototypischer Weise und nicht auf den individuellen Erwerbsprozess. Sie konzentriert sich auf die Formen, die genutzt werden können, um typische Funktionen der Textsorte zu realisieren. Obwohl die Studie am Textprodukt orientiert ist, wird sich zeigen, dass diese Herangehensweise gerade für das Vermitteln der Textsorte und den Schreibprozess selbst relevant sein könnte und ein gewisses didaktisches Potential in sich birgt.

III. Eine prozedurenorientierte Studie: Textroutinen in juristischen Gutachten

Die Studie zu rechtswissenschaftlichen Gutachten, die in diesem Abschnitt vorgestellt wird, ist ein Auszug aus meinem Dissertationsprojekt zu rechtswissenschaftlichen Gutachten. Das Anliegen dieses Vorhabens ist es, sogenannte Textroutinen in rechtswissenschaftlichen Gutachten zu ermitteln.

1. Theoretische Grundlagen

Textroutinen sind als Verbindung von Form und Funktion im Sinne eines komplexen Zeichens Einheiten, die für Texte einer bestimmten Textsorte charakteristisch und für deren Produktion notwendig sind. Sie stellen somit auch einen möglichen Ansatzpunkt für die Vermittlung entsprechender Textkompetenz dar.

Prozeduren beschreibt *Feilke* als »das Dritte zwischen Prozess und Produkt«. Es handelt sich um wiederkehrende und somit stabile Elemente des Schreibprozesses.[51]

> »Literale Prozeduren werden sie dann, wenn sie in ihrer Ausprägung in besonderer Weise auf Probleme der Produktion und Rezeption von Schrifttexten bezogen sind. In einer kompetenzbezogenen Sicht sind Prozeduren sprachliche Verfahren zur Textkonstitution. Sie sind in der Regel domänen- und funktions- bzw. sortentypisch in besonderer Weise sprachlich ausgeprägt. Das Stabile von Prozeduren erkennt man an der wiederkehrenden Konstellation von Elementen. Sie können als Ausdrucksmuster schwach oder auch stärker grammatikalisiert sein und verbinden sich mit einem Gebrauchsschema.«[52]

In der Folge stellt *Feilke* fest: »Literale Prozeduren sind Textroutinen«. Der Begriff der Textroutine ist an dieser Stelle von dem der Schreibroutine abzugrenzen und soll als wesentliche theoretische Größe meiner Studie durch eine Definition und ein Modell näher erläutert werden.

Schreibroutinen sind Einheiten, die sich auf die Fähigkeit, den Schreibprozess zu organisieren, beziehen. »Bezugspunkte für die Entwicklung entsprechender Routinen sind hier die Komponenten der Schreibhandlung: Bereitstellen von Wissen, Planen, Formulieren, Überarbeiten [...].«[53]

Textroutinen hingegen sind die semiotische Verbindung eines Gebrauchsschemas mit einem Routineausdruck. Sie zeichnen sich ausdrucksseitig durch wiederkehrende Muster aus und sind so auch charakteristisch für die jeweilige Textsorte. Sie können lexikalisch, grammatisch oder textlich gebunden und vielfältig ineinander eingebettet sein. Zuletzt haben sie das Potential, als Kontextualisierungshinweise »ein reiches Kontextwissen für die Textrezeption und Textproduktion« zu indizieren.[54] Letztere Eigenschaft ist so zu verstehen, dass beispielswiese eine routinisierte Verbindung aus additivem AP-Junktor und Modalverb im Konjunktiv – also »Zudem/Außerdem könnte/müsste...« – die Prüfung eines neuen Tatbe-

---

51 *Feilke,* Aller Guten Dinge sind drei. Überlegungen zu Textroutinen und literalen Prozeduren, in: Bons et al. (Hrsg.), Fest-Platte für Gerd Fritz, 2010, S. 1 (1), http://www.festschrift-gerd-fritz.de/files/feilke_2010_literale-prozeduren-und-textroutinen.pdf (11.08.2015).

52 Ebd.

53 *Feilke,* Was sind Textroutinen? Zur Theorie und Methodik des Forschungsfeldes, in: Feilke/Lehnen (Hrsg.), Schreib- und Textroutinen. Theorie, Erwerb und didaktisch-mediale Modellierung, 2012, S. 1 (9).

54 *Feilke,* Was sind Textroutinen? Zur Theorie und Methodik des Forschungsfeldes (Fn. 53), S. 11.

standsmerkmals im vierschrittigen Subsumtionszyklus indiziert, wobei klar ist, dass bereits ein Merkmal geprüft wurde bzw. die Prüfung des vorherigen Merkmals hier endet.

Abbildung 4 zeigt das Eisbergmodell zum Konzept der Textroutine. Es veranschaulicht zum einen, wie einzelne Funktionsmodule des Textes – einzelne funktionale Teile des Textes – durch abstraktere Faktoren beeinflusst werden bzw. sich auf der Basis dieser steuernden Größen herausgebildet haben. Zum anderen zeigt es das semiotische Pärchen aus Form und Funktion mit der sichtbaren Form als Spitze des Eisbergs. Im Textprodukt sind letztlich nur diese Routineausdrücke erkennbar und diese indizieren, was aufeinander aufbauend unter der Oberfläche liegt – was eben diesen Routineausdruck hervorbringt und was ihn steuert.

Abb. 4: Eisbergmodell, Feilke (Fn. 53), S. 19

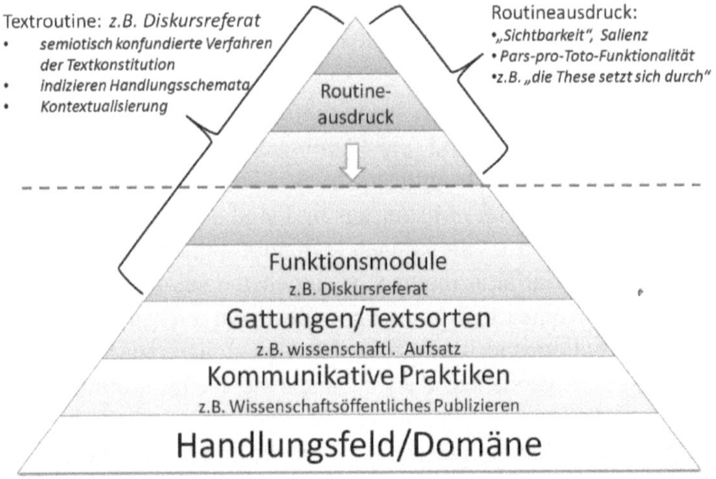

2. Überlegungen zu Erkenntnisinteresse und Methodik

Das Ziel der vorgestellten Studie ist es, Textroutinen in rechtswissenschaftlichen Gutachten zu ermitteln. Festgehalten wurde dabei, dass dies auf der Basis des Textprodukts geschehen soll. Dabei wird vorerst nicht der Entwicklungsprozess einzelner Schreiber näher betrachtet. Vielmehr ist es m. E. sinnvoll und dem Konzept der Textroutine entsprechend, solche Funktionen und ihr Form-Pendant zu ermitteln, die für die Textsorte charakteristisch sind. Auf dieser Basis kann dann in weiteren Projektschritten auch der Erwerbsprozess einzelner Schreiber erfasst werden.

Wenn man ermitteln will, was in der Diskursgemeinschaft als für die Textsorte charakteristisch gelten kann, müssen Texte von Schreibern als Analysegrundlage gewählt werden, in denen sich eben diese Routinen zeigen, die in einem längeren Erwerbsprozess und in stetigem Abgleich mit den Konventionen der Diskursgemeinschaft erworben wurden. Somit ist es sinnvoll, ein Expertenkorpus – eine Textsammlung bestehend aus Texten von Experten – zusammenzustellen. Als Experten, die also Konventionen kennen und ihre Einhaltung einfordern, können Professoren gelten. Deren Erwartungen zeigen sich u.a. in Musterlösungen im Gutachtenstil, wie man sie in Fallbesprechungen/-lösungen findet. Neben diesen Ideallösungen der Schreibaufgabe müssen aber auch solche Texte berücksichtigt werden, die in realen Schreibsituationen entstanden sind. Es müssen also authentische Texte – Klausuren und Hausarbeiten – einbezogen werden. Um dennoch die Bewertung dieser Texte als repräsentativ für die Textsorte gewährleisten zu können, nutze ich die Benotung der Klausuren und Hausarbeiten durch Experten. Solche Texte, die besonders gut bewertet wurden, können auch als höchstwahrscheinlich repräsentativ für die Textsorte angesehen werden, wenngleich zu bedenken ist, dass die Note nicht vorrangig am Gutachtenstil – gerade bezüglich seiner Form-Dimension – ausgerichtet ist.

Analysegrundlage im Sinne des gebildeten Expertenkorpus sind jeweils 200 Texte aus den drei Bereichen »publizierte Falllösungen«, »studentische Hausarbeiten« und »studentische Klausuren«. Die im Folgeabschnitt vorgestellten exemplarischen Analysen beziehen sich dabei nur auf die »publizierten Falllösungen«, da sich die anderen Teilkorpora noch im Aufbau befinden. Bei der Zusammenstellung der Teilkorpora wurde zudem auf eine ausgeglichene Verteilung zwischen Texten, die sich auf Themen des Strafrechts, des Privatrechts und des öffentlichen Rechts beziehen, geachtet. Alle Texte wurden annotiert, das heißt, sie wurden mit Informationen (zur Morphologie, Wortart, Wortgruppenbildung) angereichert. Das erleichtert die späteren Analysen.

Die Analyse selbst erfolgt dabei im Rahmen linguistischer Theorien – beispielsweise zur Wortgruppenkomplexität oder zur Junktion. Auf eine Beschreibung kann an dieser Stelle verzichtet werden. Stattdessen sollen im folgenden Abschnitt einige Ergebnisse erster Untersuchungen exemplarisch dargestellt werden.

3. Erste Ergebnisse: Beispiele für Textroutinen in rechtswissenschaftlichen Gutachten

Als erstes von zwei Beispielen möchte ich Analysen von Obersätzen in strafrechtlichen Gutachten vorstellen und dabei zu einer Diskussion um den Konjunktiv innerhalb der rechtswissenschaftlichen Literatur Stellung nehmen.

In den 67 analysierten publizierten Falllösungen zu Themen des Strafrechts kann der instrumentale Junktor *indem* 441-mal gefunden werden – die Zeichenkette *strafbar gemacht haben* 694-mal. Davon entfallen allein 115 Fundstellen auf die Zeichenkette *strafbar gemacht haben, indem*. Hinzu kommen zahlreiche Kombinationen aus Haupt- und Nebensatz, in denen *indem* und *strafbar gemacht haben* nicht in direkter Folge stehen. Auch die Zeichenkette *NAME könnte sich wegen* kann in den 67 Texten 128-mal gefunden werden. Hierzu treten noch 110 Treffer für *NAME könnte sich durch*. In der Auswertung aller Belege zeigt sich, was die Werte andeuten: Sogenannte Obersätze, die die Prüfung eines Tatbestands einleiten, folgen stark konventionalisierten Bildungspraktiken und setzen sich als komplexe Textroutinen aus Teilroutinen zusammen:

Tabelle 1: Textroutine(n) – Obersatz im Strafrecht

Funktion	Form
Nennen einer Person	PERSONENNAME...
Bildung einer Hypothese über die Strafbarkeit	...könnte sich... strafbar gemacht haben...
Nennen des Tatbestands	...wegen TATBESTAND...
Nennen des Paragraphen	...gem./gemäß/nach PARAGRAPH...
Nennen des womöglich tatbestandsrelvanten Verhaltens	....durch VERHALTEN (Nominalgruppe)...
	..., indem VERHALTEN (Satz)
Nennen einer Folge/Auswirkung des Verhaltens	..., sodass FOLGE
	...in Bezug auf...
	...aufgrund...
Bezugnahme auf die Prüfung anderer Tatbestände	...allerdings/weiterhin...

Dabei ist die Liste an Textroutinen keineswegs als abschließend zu verstehen. Sie soll lediglich das Konzept der Textroutine verdeutlichen und ihr Potential andeuten. Den Gebrauch im Einzelnen sollen die folgenden Belege aus dem Textkorpus verdeutlichen:

Beispiel 1a:
»*Indem* T durch die Glasscheibe auf A schoss, *so dass* dieser starb, *könnte* sich T *nach* § 212 Abs. 1 StGB *wegen* Totschlags *strafbar gemacht haben.*«[55]

Beispiel 1b:
»A *könnte* sich *in Bezug auf* die Panikgefühle des O *wegen* Körperverletzung *gem.* § 223 Abs. 1 StGB *strafbar gemacht haben, indem* er mit der Scherbe in der Hand auf O losstürmte und einen Stich in seine Richtung ausführte.«[56]

Beispiel 1c:
»A *könnte* sich *allerdings durch* sein Handeln *aufgrund* der Sturzverletzungen des O *wegen* Körperverletzung *gem.* § 223 Abs. 1 StGB *strafbar gemacht haben.*«[57]

Beispiel 1d:
»A *könnte* sich *weiterhin wegen* Raubes mit Todesfolge (§§ 249 Abs. 1, 251 StGB) *strafbar gemacht haben, indem* O durch die Stiche des A verstarb.«[58]

Beispiel 1e:
»[…] *wegen* mittäterschaftlicher versuchter gefährlicher Körperverletzung mit (vollendeter) Todesfolge zu Lasten des O […].«[59]

Die rechtwissenschaftliche Literatur zum Gutachtenstil im weiteren Sinne beschäftigt sich u.a. sehr intensiv mit der Frage nach der Rolle des Konjunktivs in rechtswissenschaftlichen Gutachten.[60] Dabei wird dessen Verwendung teilweise sehr kritisch betrachtet. *Jacobs/Krois* akzeptieren zwar die Verwendung des Konjunktiv II im Obersatz, sehen aber dessen Verwendung bei der Einleitung der Prüfung eines Tatbestandsmerkmals sehr kritisch bzw. bezeichnen sie sogar als »grammatikalisch [...] nicht korrekt«[61]. Zudem wird viel Zeit auf das Potential des Konjunktivs II, die Un-

---

55 *Bergmann*, Übungsfall: Wer im Glashaus sitzt, ZJS 2009, S. 412 (412).

56 *Wagner/Drachsler*, Übungsfall: Die Party bei den Jacks, ZJS 2011, S. 530 ff.

57 *Wagner/Drachsler,* Übungsfall: Die Party bei den Jacks (Fn. 56), S. 531.

58 *Becker*, Übungsklausur: Examensklausur Strafrecht, ZJS 2010, S. 403 (406).

59 *Wagner/Drachsler,* Übungsfall: Die Party bei den Jacks (Fn. 56), S. 536.

60 *Jacobs/Krois*, Klausurenkurs im Arbeitsrecht II. Ein Fall- und Repetitionsbuch zum Schwerpunktbereich Arbeitsrecht, 2014, S. 5; *Fleck/Arnold*, Die Klausur im Zivilrecht – Struktur, Taktik, Darstellung und Stil, JuS 2009, S. 881 ff.; *Wolf*, Bemerkungen zum Gutachtenstil (Fn. 9); *Franck*, Zur Verwendung des Konjunktivs für den Lösungsansatz in einem Gutachten (Fn. 12), S. 174; *Schnapp*, Das Kreuz mit dem Konjunktiv (Fn. 1).

61 *Jacobs/Krois*, Klausurenkurs im Arbeitsrecht II. Ein Fall- und Repetitionsbuch zum Schwerpunktbereich Arbeitsrecht (Fn. 60), S. 5.

möglichkeit oder Möglichkeit auszudrücken, verwendet.[62] Meines Erachtens ist jedoch die Argumentation um das Potential grammatischer Formen – zumindest in Zusammenhang mit der Textsorte Gutachten im universitären Kontext – überflüssig. Bedenkt man, dass rechtswissenschaftliche Gutachten eine didaktische Gattung sind, wäre ein Beharren auf dem Bedeutungspotential grammatischer Formen nur dann sinnvoll, wenn Studenten mit dem Gutachten auf den Kontakt mit fachfernen Lesern vorbereitet würden und dies bei Lehre und Prüfung ausschlaggebend wäre. Betrachtet man die Textsorte jedoch innerhalb der Domäne »Rechtswissenschaft« mit ihren kommunikativen Praktiken und ihrem Erkenntnisinteresse, muss auf die Konventionalisierung der Textsorte verwiesen werden. Mit *Wittgenstein* gilt »Die Bedeutung eines Wortes ist sein Gebrauch in der Sprache.«[63] Wird der Konjunktiv im Obersatz verwendet – also in Teiltexten, auf die die anderen Faktoren aus Tabelle 1 (teilweise) zutreffen und die ggf. an der Position nach Abschluss einer Tatbestandsprüfung auftreten –, so trägt er nur seinen Teil zu dessen Funktion bei, eine Hypothese über die Strafbarkeit einer Person aufzustellen und kann nicht missverstanden werden. Das muss für alle konventionalisierten und in einer Sammlung repräsentativer Texte wiederkehrenden Formulierungen gelten.

Während Konventionen bei Teiltexten und Texten als etablierte Problemlöseverfahren Sicherheit geben können und wenig individuelle Problemlösung erfordern, so verlangen sie dennoch eine Veränderung der Schreibgewohnheit sowie der Schreib- und der Textroutine(n). Im Studium der Rechtswissenschaft und in Bezug auf die Textsorte Gutachten könnte sich – wie angesprochen – eine frühe Notwendigkeit zu großen Umstellungen in der eigenen Schreibpraxis ergeben. Ein Blick auf den Obersatz zeigt zum einen eine gewisse Distanz zum Sprachgebrauch in Alltag und Schule und zum anderen das Fehlen von Spielräumen. Wer ein Gutachten schreiben will, muss einen Obersatz formulieren. Um diese Teilaufgabe zu lösen, kann nicht einfach ein eigenes Werkzeug gebildet werden. Vielmehr gibt es ein festes Set an obligatorischen Teilfunktionen und ein nahezu ebenso stark konventionalisiertes Repertoire an Ausdrucksmöglichkeiten.

---

62 So etwa bei *Schnapp*, Das Kreuz mit dem Konjunktiv (Fn. 1); *Franck,* Zur Verwendung des Konjunktivs für den Lösungsansatz in einem Gutachten (Fn. 12), S. 174 ff.

63 *Wittgenstein,* Philosophische Untersuchungen (Fn. 19), § 43.

Als zweites Beispiel möchte ich an dieser Stelle eine Betrachtung der Junktoren in rechtwissenschaftlichen Gutachten vorstellen. Junktoren (z.B. Konjunktion *und*, Subjunktion *indem*, AP-Junktor *zudem*) verknüpfen Teiltexte und drücken dabei sogenannte Inhaltsrelationen aus (z.B. konditional *wenn*, kausal *weil*). Tabelle 2 zeigt eine Verteilung der Inhaltsrelationen in strafrechtlichen Gutachten.

Tabelle 2: Inhaltsrelationen der Verknüpfungen durch Junktoren in strafrechtlichen Gutachten

Inhaltsrelation	Anzahl	Inhaltsrelation	Anzahl	Inhaltsrelation	Anzahl
konsekutiv	240	argumentativ	26	komparativ	4
adversativ	147	disjunktiv	18	metakommunikativ	3
additiv	122	temporal	16	negativ-konditional	2
kopulativ	119	konzessiv	15	substitutiv	2
kausal	75	final	14	komitativ	1
konditional	57	restriktiv	13	subtraktiv	1
instrumental	38	explikativ	9		

Von 922 Verknüpfungen durch Junktoren in den analysierten publizierten Falllösungen zum Strafrecht drücken 240 eine konsekutive Inhaltsrelation aus. Auch wenn mir derzeit noch kein Vergleich mit einem anderen Korpus (andere wissenschaftliche Texte, Zeitungstexte) vorliegt, kann gesagt werden, dass die Anzahl der konsekutiven Junktoren sehr hoch ist und wohl über das Maß der konsekutiven Junktoren in den Textsorten, die den Studenten bekannt sind, hinausgeht. Auch diesen erhöhten, aber dennoch gegebenenfalls richtigen Gebrauch und die Gebrauchskontexte müssen Studenten zum Beginn des Studiums erlernen. Beispiel 2 zeigt fünf konsekutive Verweise in Folge. Sie stellen für sich und vor allem in ihrem Zusammenwirken Routineausdrucksteile dar und erfüllen die Aufgabe, eine Folgebeziehung im Rahmen der Argumentation auszudrücken.

Beispiel 2:
»Er rechnete *also* damit, dass T aus dem Hinterhalt auf ihn schießen würde. *Also* versah er sich eines Angriffs auf sein Leben. *Damit* war A nicht arglos. *Damit* handelte T nicht heimtückisch. Objektive Mordmerkmale liegen *also* nicht vor.«[64]

64 *Bergmann*, Übungsfall: Wer im Glashaus sitzt (Fn. 55), S. 413 f.

Dieser Teiltext zeigt ganz deutlich den für die Domäne der Rechtswissenschaft geltenden Wert der Präzision und impliziert das Bemühen der Diskursgemeinschaft um Objektivität, Nachvollziehbarkeit und Folgelogik. Junktoren dienen ebenso als Kontextualisierungshinweis, wenn deutlich wird, welche Teiltexte enden, welche Klammern geschlossen werden, welche aufeinander aufbauenden Fragen beantwortet werden können. Neben dem Erfordernis, Studenten für die Häufigkeit und den Gebrauch konsekutiver Junktoren zu sensibilisieren, kann auch ein Forminventar bestimmt werden, aus dem die Schreiber wählen können. Hierbei gilt – auch wenn es nicht als wesentlich erachtet werden mag –, dass auch solche Faktoren für die Qualitätsbewertung innerhalb der Diskursgemeinschaft relevant sein können. *Mithin* mag den Studenten zu Beginn des Erwerbsprozesses im Vergleich zum gewohnten Sprachgebrauch als typisch für rechtswissenschaftliche Gutachten erscheinen, stellt aber keineswegs den prototypischen konsekutiven Junktor dar.

Tabelle 3: Konsekutive Junktoren in strafrechtlichen Gutachten

Junktor	Anzahl	Junktor	Anzahl
also	43	danach	7
damit	42	demnach	6
somit	31	demgemäß	2
deshalb	25	demzufolge	2
daher	23	deswegen	2
sodass	21	weshalb	2
folglich	16	dass	1
mithin	9	dazu	1

Mit den beiden Beispielen soll das Konzept der Textroutine und ihr Potential für die Lehre verdeutlicht werden. Es bleibt noch anzumerken, dass es sich bei den beiden präsentierten Beispielen noch um einfache Textroutinen handelt. Ziel muss es sein, auch komplexere und weniger präsente Routinen zu ermitteln, die auch bei erfahreneren Schreibern den Schreibprozess fördern können.

IV. Fazit

Die Grundannahme dieses Beitrags zum Schreiben im Studium der Rechtswissenschaft war, dass das Erlernen des Gutachtenstils eine zentrale

Aufgabe der Studenten darstellt. Deshalb muss sich die Lehre die Frage stellen, wie das Schreiben von Gutachten gelehrt und leichter erlernt werden kann. Zur besseren Verdeutlichung möglicher Probleme im Erwerbsprozess und als theoretisch zentrales Gegensatzpaar wurde klargestellt, dass Texte/Textsorten funktions- und formorientiert betrachtet werden können, wobei vermutet wurde, dass die funktionale und fachliche Seite in der Lehre dominiert und die Formseite überlagern könnte.

Mit drei Annahmen wurden Theorien und Problembewusstsein der Textproduktions- und Schreibforschung auf das Studium der Rechtswissenschaft mit seiner zentralen Textsorte *Gutachten* übertragen. Dabei wurde *Schreiben* als problemlösendes Handeln präsentiert und *Textsorten* als etablierte Werkzeuge zur Problemlösung beschrieben. Hierbei sollte ein Bewusstsein dafür geschaffen werden, dass Textsorten Konventionen einer bestimmten Diskursgemeinschaft/Fachgemeinschaft sind, die mit Erwartungen einhergehen und von den Studenten erlernt werden müssen. Auf der Basis der Erkenntnisse der Textproduktions- und Schreibforschung wurden Phasen und Problemfelder des Erwerbsprozesses skizziert. Auch wurde der Gegensatz zwischen Lernmedium und Lerngegenstand unterstrichen und für die Notwendigkeit, das Schreiben auch als Lerngegenstand ins Auge zu fassen, geworben. Als Konsequenz einer Übertragung der Erkenntnisse der Textproduktions- und Schreibforschung auf die Rechtswissenschaft wurde mit meinem Dissertationsprojekt ein möglicher Zugang zu Betrachtung und Analyse der Textsorte und zu deren Vermittlung präsentiert. Im zweiten Abschnitt wurden dabei die Konzepte der Prozedur und Textroutine vorgestellt und als theoretische Grundlage meiner Analysen eingeführt. Es folgte ein kurzer Einblick in das Vorhaben zur Beschreibung von Textroutinen in rechtswissenschaftlichen Gutachten und zur angewendeten Methodik. Abschließend wurden zwei beispielhafte Analysen von Textroutinen eingebracht, um das Konzept der Textroutine zu veranschaulichen und ihr Potential für die Vermittlung fachspezifischer Textsortenkompetenz anzudeuten.

Es wurde gezeigt, wie stark die Textsorte *Gutachten* durch Konventionen der Sprachgemeinschaft geprägt ist. Wie deutlich sich dies schon in einzelnen Teiltexten zeigt, wurde am Beispiel des Obersatzes mit seinen festen Teilfunktionen und Routineausdrücken veranschaulicht. Mit einer Analyse der Junktoren und Inhaltsrelationen wurde eine Eigenschaft der Textsorte fokussiert, die nicht auf Wort- oder Satzebene greifbar ist, sondern eine umfassendere Betrachtung erforderte. Gerade bei Textroutinen, deren formseitiger Anker komplexer ist und sich einer rein wort- und satzgebundenen Analyse entzieht, scheint eine umfangreichere, sprachwissenschaftliche Betrachtung – mithilfe ihrer Theorie und Methodik – einen Beitrag zur Beschreibung und Vermittlung dieser Textsorte liefern zu können, der über die fachinterne Erfahrung hinausgeht.

Wenn man diese Strategie weiter verfolgt – so wie es als Projektziel angedacht ist – könnte am Ende der Analysen eine detaillierte Beschreibung der Teilfunktionen der Textsorte und des zur Produktion einsetzbaren Forminventars stehen. Dabei sollen auch Unterschiede zwischen den einzelnen Rechtsgebieten eine Rolle spielen und durch die Analyse authentischer Texte und Schreibanlässe weitere Anforderungen (etwa Zeitmangel und zeitliche Ökonomie in Klausuren und Platzmangel und entsprechende Verkürzungsstrategien in Hausarbeiten) betrachtet werden. Sicherlich erfordert eine formorientierte, linguistische Betrachtung des rechtswissenschaftlichen Gutachtens auch eine ergänzende funktionale, rechtwissenschaftliche Betrachtung der Teilfunktionen und Sequenzmuster und der Strategien zur Verkürzung oder Ausweitung von Teiltexten – eine Aufgabe, die im Bereich der Rechtswissenschaft liegt.

Wünschenswert wäre sicherlich auch eine am Spracherwerb orientierte Studie, wie sie *Steinhoff* und *Pohl* für das wissenschaftliche Schreiben in anderen Fächern vorgenommen haben.[65] Gerade hierin sollte ein für die Ausrichtung der Lehre wesentlicher Erkenntniswert liegen. Die Analyse von Texten einzelner Schreiber über ganze Abschnitte des Erwerbsprozesses hinweg wird jedoch durch rechtliche und zeitliche Hindernisse erschwert und würde eine fachübergreifende Kooperation erfordern. Auch aus Perspektive der Linguistik ist es gleichwohl erforderlich, den Fokus noch öfter auf Texte zu lenken, die nicht als Publikationen oder Texte von Studenten der Sprachwissenschaft leichter zugänglich sind.

65 Vgl. *Pohl,* Studien zur Ontogenese wissenschaftlichen Schreibens (Fn. 16); *Steinhoff*, Wissenschaftliche Textkompetenz. Sprachgebrauch und Schreibentwicklung in wissenschaftlichen Texten von Studenten und Experten (Fn. 16).

Schreibprozesse, Schreibkompetenzen und Textgenres im Jurastudium – Ergebnisse einer Befragung zu universitären Schreibkulturen

Otto Kruse

I. Einleitung: Was sind Schreibkulturen?

Schreiben in den Wissenschaften variiert von Fach zu Fach und von Institution zu Institution. Zwar gibt es einige Eigenschaften, die alle Arten des akademischen Schreibens miteinander verbinden, jedoch sind die Unterschiede erheblich und betreffen durchaus wesentliche Aspekte des Schreibens: den Umgang mit dem fachlichen Wissen, die Arten des Argumentierens, den Bezug zu Quellen, Daten und Belegen, sowie nicht zuletzt eine ganze Reihe von konventionellen Setzungen zum Zitieren und Gestalten des Textes. Wer sich mit dem Schreiben in einer traditionsreichen und in ihrer Methodik einmaligen Disziplin wie den Rechtswissenschaften beschäftigt, sollte also darauf gefasst sein, dass der Umgang mit Texten dort ein anderer ist und sich dem entsprechend auch das Schreiben anders ausnimmt. Der folgende Beitrag verfolgt das Ziel, diese Unterschiede anhand von Daten einer Befragung auszuloten.

Um die Unterschiede in den Schreibpraktiken verschiedener Institutionen fassbar zu machen, hat sich der Begriff *»Schreibkultur«* eingebürgert.[1] Ursprünglich hatte man angenommen, dass es nationale, an die jeweiligen Sprachen gebundene Kulturen des Schreibens gibt und die Urväter der kontrastiven Rhetorik[2] hatten noch geglaubt, aus studentischen Texten unterschiedliche nationale Denkstile und kulturell geprägte Organisations-

---

1 Vgl. *Kruse/Chitez*, Schreibkompetenz im Studium: Komponenten, Modelle, Messung, in: Preusser/Sennewald (Hrsg.), Literale Kompetenzentwicklung an der Hochschule, 2012.

2 Insbesondere *Kaplan*, Cultural thought patterns in inter-cultural education, Language Learning 16 (1966), S. 1 ff.; *Clyne*, Cultural differences in the organization of academic texts: English and German, Journal of Pragmatics 11 (1987), S. 211 ff.; siehe *Connor*, Contrastive rhetoric: Cross-cultural aspects of second-language writing, 1996.

prinzipien für Texte herauslesen zu können. Zwei Generationen später ist von solchen Unterschieden nicht viel geblieben, wobei unklar ist, ob es sie nie gegeben hat oder ob sie der Internationalisierung gewichen sind, unter deren Einfluss sich einiges, was ehedem als nationale Eigenheit galt, verflüchtigt hat. Wesentlich mehr Unterschiede dagegen finden sich heute zwischen Kulturen von kleinerem Ausmaß,[3] so zwischen solchen, die sich in Institutionen, Disziplinen, Hochschultypen und Diskursgemeinschaften herausgebildet haben. Unterschiede zwischen vermeintlichen nationalen Schreibkulturen fallen in der Regel sehr viel geringer aus als solche zwischen verschiedenen Disziplinen.

Wenn man Schreibkulturen untersucht, so betrachtet man nicht die dort hergestellten Texte für sich, sondern im Kontext des Handelns und Denkens einer bestimmten Gruppe. Schreibkulturen sind also gelebte Kulturen, keine reinen Textkulturen. Sie werden von den Akteuren eines Kontextes in ihren täglichen Transaktionen gebildet und sind Teil des beruflichen Handelns der Individuen.[4] Schreibkulturen werden also nicht nur davon geprägt, wie Texte beschaffen sind, sondern auch, wie sie hergestellt und verwendet werden.

Als Schlüssel zum Verständnis von Schreibkulturen gilt heute der Begriff »Genre«, im Deutschen auch »Textgenre« oder »Textsorte« genannt. Als Genres bezeichnet man abstrakte, wiedererkennbare Muster des Sprachgebrauchs, die sich verfestigt haben.[5] So können wir beispielsweise den Zettel, den wir beim Einkaufen zugesteckt bekommen, schnell als Werbung für ein Restaurant, als Versuch religiöser Belehrung oder als politisches Flugblatt erkennen. Alle drei lassen sich als jeweils eigene Genres bezeichnen. Nicht nur ihre Funktionen unterscheiden sich, sondern auch ihre Aufmachung und Gestaltung, so dass oft schon ein flüchtiger Blick sie zu identifizieren erlaubt. Gleichwohl wird man auch sagen müssen, dass die Grenzen zwischen Genres fließend sind und dass sie dynamisch sind, d.h sich ständig ändern. Auch lassen sich meist mehrere Vari-

3 Wie von *Holliday*, Small cultures, Applied Linguistics 20 (1999), S. 257 ff., beschrieben.

4 Z. B. *Bazerman*, Systems of genres and the enactment of social intentions, in: Freedman/Medway (Hrsg..), Genre and the new rhetoric, 1994, S. 79 ff.; *Pogner*, Schreiben im Beruf als Handeln im Fach, Forum für Fachsprachen-Forschung 46 (1999).

5 *Swales*, Genre analysis – English in academic and research settings, 1990; *Hyland*, Learning to write: Issues in theory, research, and pedagogy, in: Manchón (Hrsg.), Learning-to-write and writing-to-learn in an additional language, 2011, S. 17 ff.

anten unterscheiden, so dass manche Genres in Familien oder gar Schwärmen aufzutreten scheinen, wie etwa das Briefgenre (oder die Genrefamilie der Briefe) oder das Berichtsgenre. Wichtig in der heutigen Genretheorie ist, dass man nicht glaubt, Genre allein an der Struktur oder den verwendeten sprachlichen Mitteln festmachen zu können. Genres sind sehr viel mehr an ihrer Funktion, ihren kommunikativen Absichten und ihren handlungsrelevanten Wirkungen festzumachen. Genres müssen also im Kontext ihres Wirkungsbereichs untersucht werden. Für die Hochschulen haben *Nesi & Gardner* etwa 100 Genres an englischen Universitäten identifiziert und in ihren Funktionen für Lehren und Lernen beschrieben.[6]

Der Genrebegriff verbindet also Linguistik, Kulturtheorie und Handlungstheorie mit der Schreibforschung und könnte mit Fug und Recht jeder der vier Disziplinen zugeordnet werden. Wer die Schreibkultur im Jurastudium verstehen möchte, sollte sich also zuerst die Texte anschauen, die dort geschrieben werden und ihre Funktionen für Lernen, Studienorganisation und Prüfungen anschauen.

Eine zweite Dimension von Schreibkulturen sind Schreib- oder Textpraktiken. Darunter versteht man das, was mit Texten gemacht wird, einschließlich dessen, wie die Texte selbst hergestellt und optimiert werden. In der Rechtspraxis eines Landes finden wir Genres, die sehr genau in definierte juristische Abläufe eingebunden sind wie Gesetze und Kommentare, Anklage- und Verteidigungsschriften, Urteile, Dokumente, Beglaubigungen, Verträge, Bescheide, usw. Natürlich »gehören« diese Genres nicht den Juristinnen und Juristen, sondern finden in allen Bereichen des gesellschaftlichen Lebens Verwendung, jedoch scheinen die Juristinnen und Juristen eine privilegierte, fachlich ausgewiesene Kompetenz für ihre Herstellung und Prüfung zu haben. Ihr Studium sollte sie auf den Umgang mit diesen Textarten vorbereiten.

Ein anderer Bereich der juristischen Textwelten sind solche Genres, die der Ausbildung dienen, und die man deshalb auch »didaktische Genres« nennt.[7] Sie sind speziell dafür geschaffen, relevante Denk-, Sprach- und

---

6 *Nesi/Gardner*, Genres across the disciplines – Student writing in higher education, 2012.

7 Siehe dazu *Banzer/Kruse*, Schreiben im Bachelor-Studium: Direktiven für Didaktik und Curriculumentwicklung, in: Berendt (Hrsg.), Neues Handbuch Hochschullehre [Ergänzungslieferung G 4.8.], 2011; *Chitez/Kruse*, Writing Cultures and Genres in European Higher Education, in: Montserrat/Donahue (Hrsg.), University Writing: Selves and Texts in Academic Societies, 2012, S. 151 ff.; *Kruse*, Perspectives on

Argumentationsmuster des entsprechenden Faches zu trainieren und dabei auch auf den Umgang mit den späteren professionellen Textgenres vorzubereiten. Unterrichtsgenres werden ausschließlich im Unterricht eingesetzt, auch wenn sich heute hybride Formen entwickelt haben, in denen sich berufliche und didaktische Genres mischen. In den Rechtswissenschaften ist dies vor allem das juristische Gutachten bzw. die Fallklausur. Beide sind dazu geeignet, juristisches Denken in Gang zu setzen und zu trainieren. Beide haben neben der Lern- auch eine Prüfungsfunktion.

Die Art, in der Texte für das Lernen, Prüfen oder Kommunizieren eingesetzt werden, nennt man auch »Textpraktiken«. Werden sie zu Hause, im Hörsaal, oder in der Bibliothek hergestellt? Einzeln oder in Gruppen? Unter Zeitdruck oder mit freier Zeitverfügung? Welche Art Rückmeldung und Benotung gibt es? Wie kommuniziert man über diese Texte? Welche Funktion haben die Texte für die Selektion und Karriere? Wir werden sehen, dass im Jurastudium einige relativ eigene Textpraktiken existieren, die in anderen Fächern ungebräuchlich sind.

Eine dritte Dimension von Schreibkulturen sind die Kompetenzen, die die Schreibenden brauchen, um die entsprechenden Texte herzustellen bzw. die sie bei der Textherstellung erwerben.[8] Naturgemäß sind diese Kompetenzen nicht rein sprachlicher und auch nicht rein schreibtechnischer Art, da sie eng mit fachlichem und kontextuellem Wissen, wie z.B. dem Verständnis des Rechtssystems, gekoppelt sind. Wer eine juristische Klausur schreiben will, muss nicht nur die Textart verstehen, sondern darüber hinaus auch über Kenntnis der Gesetze und Rechtsgrundsätze des entsprechenden Teilgebiets verfügen. Auch Argumentationsgrundsätze wollen beherrscht werden, denn sie unterscheiden sich merklich von denen in anderen Wissenschaften. Schreibkompetenzen sind nicht additiv zum fachlichen Wissen, sondern sind ein integraler Bestandteil davon.

Die letzte Dimension von Schreibkulturen schließlich sind die Einstellungen und Annahmen der Beteiligten über das, was verlangt wird und was gutes Schreiben ausmacht. Hier haben wir es also mit Denkmustern und Urteilsgewohnheiten der Beteiligten zu tun, und zwar sowohl bei den

---

Academic Writing in European Higher Education: Genres, Practices, and Competences, Revista de Docencia Universitaria, REDU, Número monográfico dedicado a Academic Writing, Vol. 11 (1) Enero-Abril, 2013, S. 37 ff., pd.zhaw.ch/publikation/upload/204156.pdf (20.12.2015).

8 Ein Konzept dazu findet sich bei *Kruse/Chitez*, Schreibkompetenz im Studium: Komponenten, Modelle, Messung (Fn. 1).

Studierenden, als auch bei den Lehrenden. Sie beide konfigurieren diese spezielle Schreibkultur mit ihren Gewohnheiten und Erwartungen. In den wenigsten akademischen Schreibkulturen können wir sagen, dass sich die Annahmen von Lehrenden und Lernenden decken, jedoch können wir davon ausgehen, dass sie sich im Verlauf des Studiums einander annähern. Viele Erwartungen der Lehrenden bleiben unausgesprochen und die Schreibenden müssen lange rätseln, was die Lehrenden tatsächlich von ihnen möchten. Nicht immer sind Erwartungen homogen, denn Wissenschaftskulturen können in sich divers sein. Schreibkulturen haben also auch einen den Blicken verborgenen Anteil, der sich in den Erwartungen und Mutmaßungen der Beteiligten ausdrückt.

Der vorliegende Beitrag geht der Frage nach, wie sich Schreibkulturen in den juristischen Fächern charakterisieren lassen und welche Unterschiede sich zu anderen Disziplinen ergeben. Der Blick ist dabei von außen auf das Fach gerichtet und versucht die Kulturen nicht aus der Logik des Fachs, sondern aus dem Vergleich mit anderen Fächern her zu erschließen. Das lässt Informationen ungenutzt, die Insider über das Fach haben, hat aber den Vorteil, Brücken zu anderen Disziplinen bauen und Sinnzusammenhänge über die Fächer hinweg stiften zu können. Die Untersuchung, aus der hier ein Teil berichtet wird, war nicht direkt auf das Schreiben im Jurastudium ausgerichtet, sondern hat die Schreibkultur einer ganzen Universität untersucht. Auch wenn wir also nicht gezielt nach Textsorten und Prozeduren im Jurastudium gefragt haben, haben wir dennoch einige interessante Antworten erhalten.

II. Methode

Der European Student/Faculty Writing Questionnaire (EWQ) wurde entwickelt, um die Erfahrungen von Studierenden und Lehrenden mit dem Schreiben an ihrer Hochschule erfassen zu können.[9] Er wurde in internationalen Kontexten entwickelt und soll Schreibkulturen auch kulturübergreifend untersuchen können. Der Fragebogen existiert in einer Version

9 Siehe *Chitez/Kruse/Montserrat*, The European Writing Survey (EUWRIT): Background, Structure, Implementation, and Some Results; Working Papers in Applied Linguistics Nr. 9, Department Angewandte Linguistik, ZHAW, 2015, http://pd.zhaw.ch/hop/407433819.pdf (14.12.2015), für eine Beschreibung des Fragebogens und seiner Entwicklung.

für Studierende sowie einer für Dozierende und ist in etwa acht verschiedenen Sprachen verfügbar.

In einem gemeinsamen Projekt mit dem Schreibzentrum der Universität Konstanz wurden im Frühjahr 2013 Fragebögen an alle Studierenden und Lehrenden der Universität verschickt (zweisprachig deutsch/englisch).[10] Der Rücklauf betrug 8,15 % für die Studierenden und 13,49 % für die Lehrenden.

Die Universität Konstanz ist in den 1970er Jahren als Reformuniversität mit zunächst einem reduzierten Fächerspektrum gegründet worden. Heute ist sie mit über 100 Studiengängen und mehr als 11000 Studierenden eine Volluniversität, der lediglich das Fach Medizin fehlt. Für die Auswertung der Studie wurden nur die Bachelor-Studiengänge herangezogen, da sie vergleichbare Studieneinheiten sind. Ausnahmen von den BA/MA-Strukturen bilden die Staatsexamensfächer Jura und Lehrerbildung, die jeweils 4 ½ bzw. 5-jährige Studiengänge sind.

Gesondert ausgewertet wurde die Teilstichprobe des Staatsexamens-Studiengangs «Recht« (SA Recht) mit N=102 Studierenden im Vergleich mit den N=102 Studierenden der Bachelor-Studiengänge »Politik« und »Wirtschaft« (BA P & W). Problematisch ist an diesem Vergleich, dass hier ein 3-jähriger mit einem 4 ½-jährigen Studiengang verglichen wird, was bei der Interpretation zu einiger Vorsicht Anlass geben sollte. Die Daten der Lehrenden wurden für den Studiengang Jura nicht gesondert ausgewertet, da die Teilstichprobe zu klein ist. Es werden jedoch die freien Beschreibungen der im Studium verwendeten Textgenres in die Auswertung einbezogen.

III. Ergebnisse

1. Schreibpraktiken

Wie viel wird in den Studiengängen geschrieben und wie viel Zeit verbringen Studierende mit dem Schreiben? Beide Fragen sind nicht leicht zu beantworten, denn entsprechende Daten sind nur schwer zu objektivieren.

10 Ein vollständiger Bericht findet sich bei *Kruse/Meyer/Buchanan*, Schreiben an der Universität Konstanz – Eine Befragung von Studierenden und Lehrenden, Working Papers in Applied Linguistics Nr. 12, Departement Angewandte Linguistik, ZHAW, 2015, http://pd.zhaw.ch/hop/1103182395.pdf (14.12.2015).

Wir haben gefragt, wie groß der Anteil an Lehrveranstaltungen ist, in denen ein schriftlicher Leistungsnachweis zu erbringen ist. Von den Jurastudierenden geben fast 75 % an, dass mehr als drei Viertel der Veranstaltungen schriftliche Leistungen verlangen. Unter den BA P & W Studierenden sind dies nur etwa 35 %.

Abbildung 1: Prozentsatz von Veranstaltungen, in denen ein schriftlicher Leistungsnachweis verlangt wird

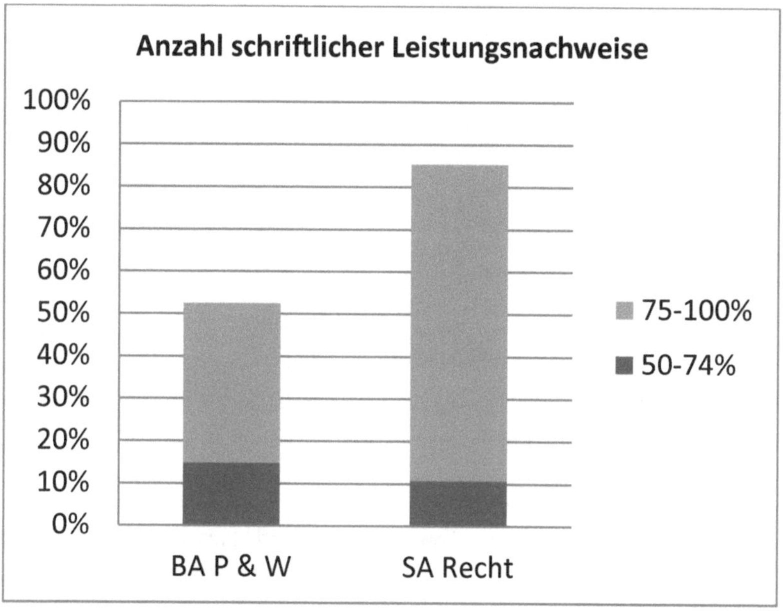

Eine zweite Frage bezog sich darauf, wie viel Zeit pro Woche die Studierenden mit Schreiben verbringen. Abbildung 2 zeigt, dass knapp 50% der Jurastudierenden über 6 Stunden pro Woche mit Schreiben verbringen, während nur etwa 12 % der BA P & W Studierenden dies angaben. Sie berichten zu 80 %, dass sie weniger als 6 Stunden schreiben.

Abbildung 2: Anzahl von Stunden pro Woche, die Studierende mit Schreiben verbringen

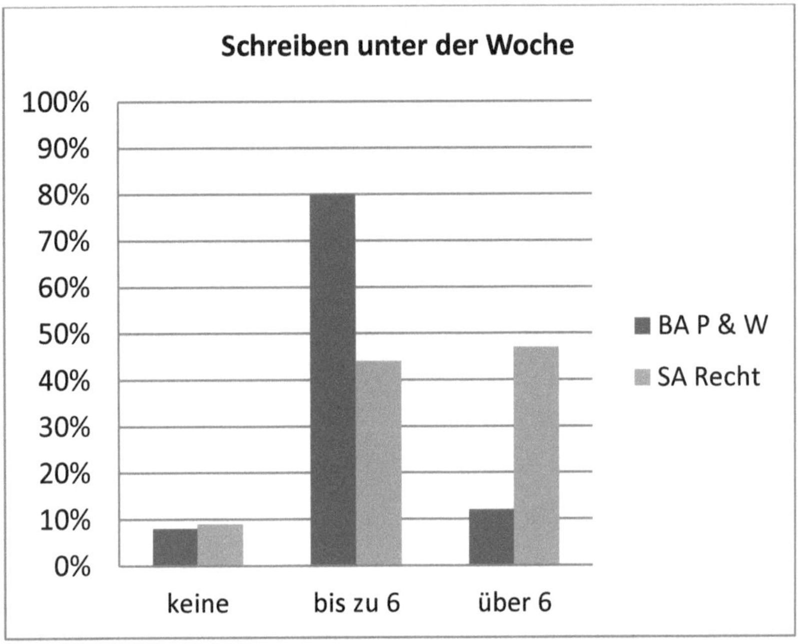

Beide Antworten legen nahe, dass das Studium der Rechtswissenschaften schreibintensiver ist als andere Studiengänge und dass die Studierenden mehr Zeit mit dem Schreiben von Leistungsnachweisen verbringen.

Abbildung 3: Präferenz von Einzel- vs. Gruppenarbeit in den Studiengängen »Recht« und »Politik/Wirtschaft«

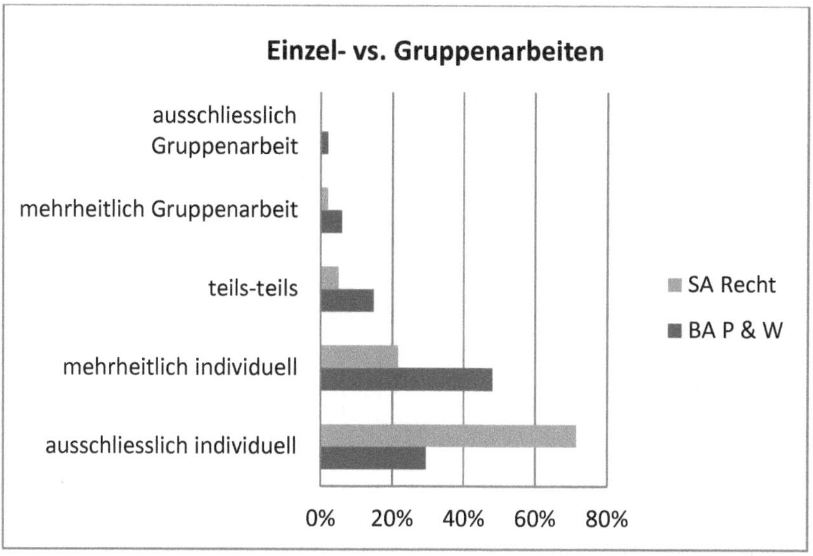

Wie Abbildung 3 zeigt, geben über 70 % der Jura-Studierenden an, dass in ihrem Fach ausschließlich individuelle Arbeiten geschrieben werden gegenüber lediglich 30 % der Studierenden der anderen beiden Fächer. Gruppenarbeiten scheinen eher die Ausnahme zu sein.

2. Schreibkompetenzen

Wie schätzen die Studierenden ihre eigenen Schreibkompetenzen ein? Dieser Frage galten mehrere Teile des Schreibsurveys. Wir fragten zunächst nach dem Schreiben im Vergleich zu anderen Studienkompetenzen (Abbildung 4) und es zeigte sich, dass die Studierenden beider Gruppen in Kompetenzfeldern wie Mitschreiben im Unterricht, Einsatz von Informatikmitteln, effiziente Prüfungsvorbereitung und Präsentationskompetenz beinahe identische Werte erhielten.

Abbildung 4: Vergleich allgemeiner Studienkompetenzen zwischen Studierenden »Recht« und »Politik/Wirtschaft«; die Frage lautete: Wie sicher fühlen Sie sich in der jeweiligen Kompetenz? (Angaben sind Prozentsätze von »fühle mich sicher« plus »sehr sicher«)

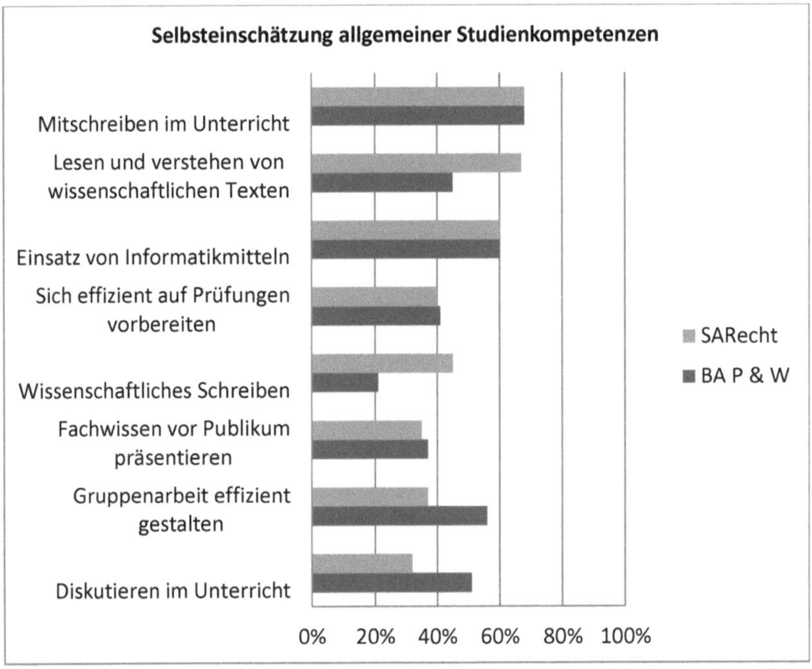

Die Studierenden des Studiengangs Recht schrieben sich selbst aber deutlich höhere Kompetenzen im Lesen und Verstehen wissenschaftlicher Texte und im wissenschaftlichen Schreiben zu. Sehr viel geringer schätzten sie ihre Kompetenzen in den Punkten »Gruppenarbeit effizient gestalten« und »Diskutieren im Unterricht« ein. Die Höhe dieser Unterschiede ist durchaus verblüffend, jedenfalls sehen die Jurastudierenden sich selbst in intellektuellen Feldern wesentlich kompetenter als in sozialen und rhetorischen.

Eine weitere Fragengruppe diente der genaueren Einschätzung von differenzierten Schreibkompetenzen, die in der Regel mit wissenschaftlichem Schreiben verbunden sind. Abbildung 5 zeigt, dass sich die Jura-Studierenden in beinahe allen Schreibkompetenzen besser einschätzen als ihre Mitstudierenden aus den Studiengängen Politik und Wirtschaft. Nur bei den Items »Tabellen und Diagramme in den Text einbinden« und »Forschungsmethoden reflektieren und verstehen« gaben sich die Jurastudierenden weniger kompetent als die beiden anderen Gruppen. In allen anderen sind ihre Werte zum Teil wesentlich höher. Dies bezieht sich besonders auf Recherche und Zitierkompetenzen, aber auch auf die Fähigkeit, wissenschaftliche Theorien zu diskutieren.

Abbildung 5: Selbsteinschätzungen der Schreibkompetenzen; Vergleich Studiengang »Recht« mit »Politik/Wirtschaft« (Werte sind Prozentangaben der Antwortkategorien «fühle mich sicher« plus »sehr sicher«)

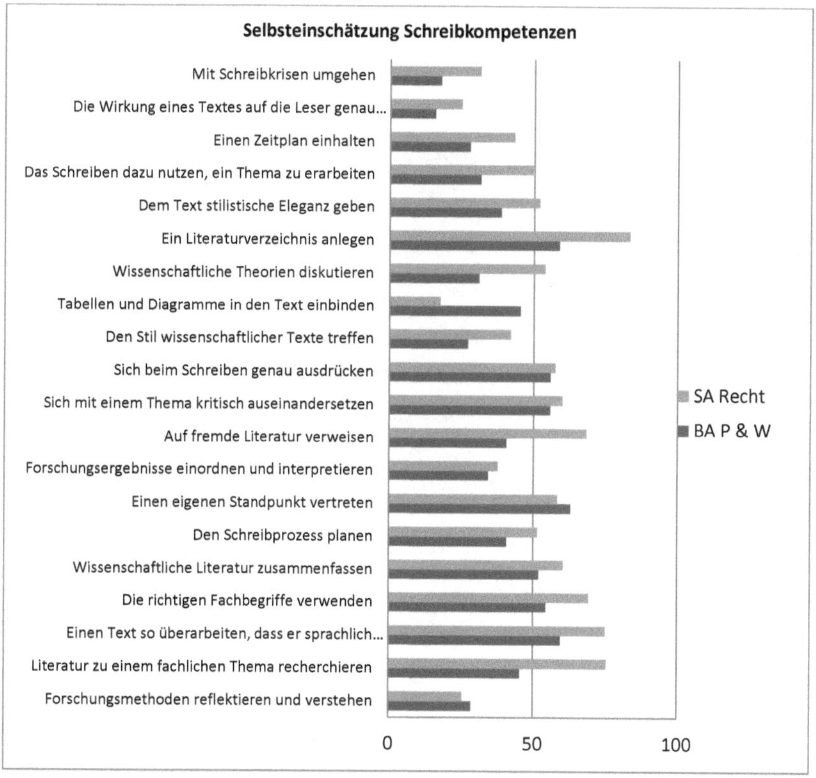

Erstaunlich wenige Unterschiede fanden sich in den Einschätzungen der beiden Gruppen, was in ihrer Vorstellung »gutes Schreiben« im jeweiligen Fach ausmacht (Abbildung 6). Lediglich kritisches Denken und kreative Gedanken scheinen in Wirtschaft und Politik etwas höher angesehen zu sein, während überzeugende Argumente und eine einfache, verständliche Sprache bei den Jurastudierenden etwas höher im Kurs zu stehen scheinen. Der einzige wirklich auffällige Unterschied besteht darin, dass die Vermeidung der ersten Person (»Ich«) von über 80% der Rechtstudierenden, aber nur zu knapp 40% von den Politik/Wirtschaft Studierenden als relevantes Textmerkmal angesehen wird. Eine unpersönliche Darstellungs- und Argumentationsweise scheint von den Studierenden unisono als wesentliches Merkmal der juristischen Wissenschaftssprache angenommen zu werden.

Abbildung 6: Vorstellungen von »gutem Schreiben« im Fach. Vergleich der Studiengänge »Recht« mit »Politik/Wirtschaft«

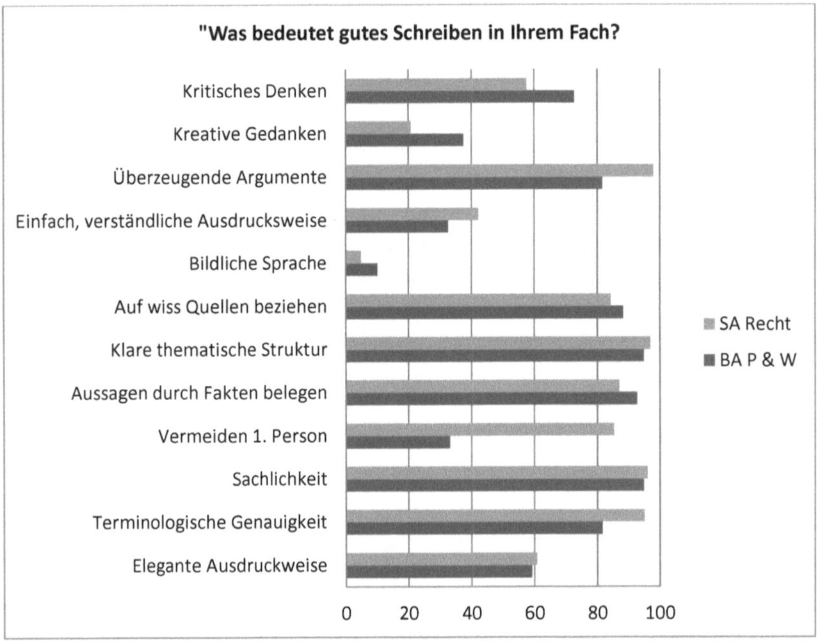

3. Textgenres im Studium

Textgenres sind, wie dargestellt, kontextuell bestimmte rhetorische Praktiken, die zu wiedererkennbaren Formen geführt haben.[11] Eingebettet sind Genres in bestimmte Text- und Schreibkulturen, in denen sie sich die Bewältigung fachlicher Aufgaben mit anderen Genres teilen. Betrachtet man die Genres einer ganzen Universität, die von den Lehrenden als maßgeblich für ihren Unterricht angesehen werden, so entsteht (Abbildung 7) eine hierarchische Liste von Nennungen. Die Seminararbeit wird dabei am häufigsten genannt. Sie ist vermutlich das charakteristische Genre der deutschsprachigen Universitäten im Vergleich zum Essay, das in den angelsächsischen Ländern seit alters her dominiert. Mitschriften und Prüfungen werden als nächst häufige Gruppe genannt, während Forschungsarbeiten und andere wissenschaftliche Textarten wie Zusammenfassungen, Proposals und Praktikumsberichte die nächsten Ränge belegen. Wie aus den Beschreibungen der Textarten zu entnehmen ist, ist zwischen Seminararbeiten und Forschungsarbeiten eine Art fließender Übergang vorhanden. Mit wachsender Semesterzahl scheinen Seminararbeiten immer mehr als Forschungsarbeiten definiert zu werden. Auch Essays werden heute häufiger verwendet, jedoch nach wie vor seltener als die Seminar- und Forschungsarbeiten.

11 Wie in der bekannten Definition von *Miller*, Genre as social action. Quarterly Journal of Speech 70 (1984), S. 151 ff. (151), anklingt: »Genre represents ‚typified rhetorical action' based on recurrent rhetorical situations.«

Abbildung 7: Textgenres im Studium; Lehrende aller Fächer der Uni Konstanz (Skalenwerte: nie, selten, manchmal, oft, immer)

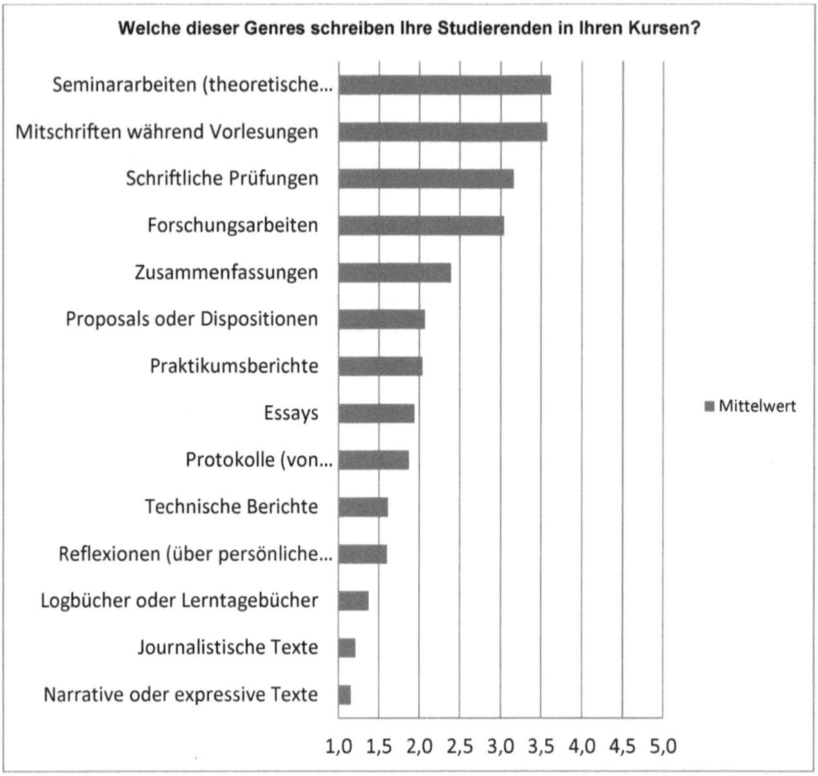

Ausgesprochen selten werden an der Universität Konstanz reflexive Texte genannt (Logbücher, Lerntagebücher), ebenso wie journalistische, narrative oder expressive Texte.

Abbildung 8 zeigt, welche Genres die Studierenden der Rechtswissenschaften im Vergleich zu denen aus P & W angeben. Schriftliche Prüfungen und Mitschriften scheinen dabei zu dominieren, und zwar in beiden Gruppen gleichermassen. Essays werden dagegen in den Rechtswissenschaften gar nicht, Seminararbeiten in sehr viel geringerer Anzahl geschrieben.

Abbildung 8: Textgenres im Studium. Vergleich Studierende »Recht« mit »Politik/Wirtschaft« (Angaben in Prozent der Antwortkategorien »manchmal« plus »oft« plus »immer«)

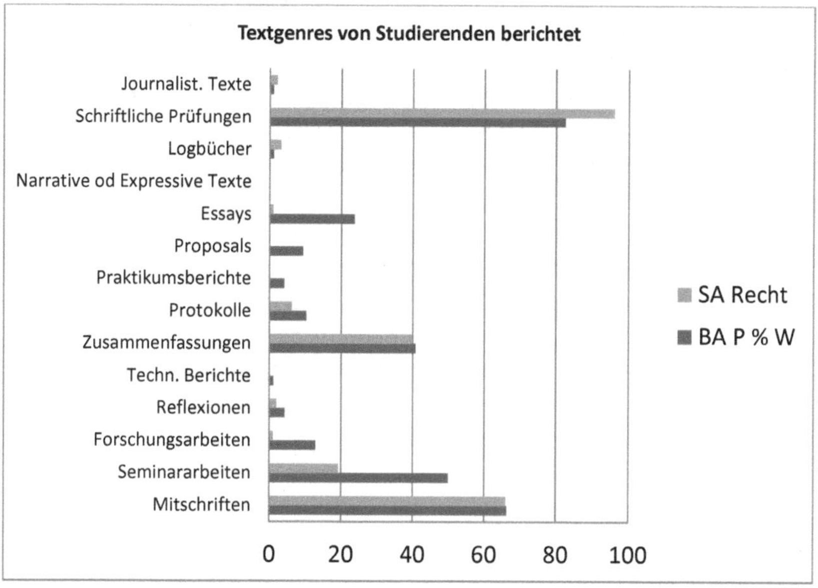

Neben einer Abfrage mit vorgegebenen Genres haben wir in dieser Studie auch in einer offenen Frage die Studierenden wie die Lehrenden darum gebeten, die Genres zu benennen und kurz zu beschreiben, die sie im Unterricht verwenden.

Unter den Textgenres, die die Lehrenden beschreiben (Tabelle 1) sticht das juristische oder rechtswissenschaftliche Gutachten bzw. die Fallklausur hervor. Beide haben den gleichen Aufbau, nur werden sie einmal zu Hause, ein andermal als Klausur geschrieben. Die klarste Beschreibung findet sich in folgender Charakterisierung:

> »Die Studierenden sollen erlernen, in einem juristischen Gutachten einen Fall zu lösen. Der sog. Gutachtenstil zeichnet sich durch einen klaren Aufbau aus: 1. Obersatz (»A könnte sich wegen xy strafbar gemacht haben«) 2. Definition (»xy wird definiert als... «) 3. Subsumtion (»A hat dadurch, dass er ... «) 4. Ergebnis (»somit hat sich A wegen xy (nicht) strafbar gemacht«), der sich im Grunde durch das ganze Gutachten ziehen sollte.«

Die Logik der Darstellung ist hier samt der rhetorischen Ausformulierung auf den Punkt gebracht. Andere Beschreibungen aus Tabelle 1 verweisen auf den hohen Grad an Konventionalisierung dieses Genres *(»Typus ist klar«)*, also den Konsens, der im Fach herrscht. Typisch scheint auch der lapidare Satz zu sein *»Beratung ist nicht möglich«*, was den Prüfungscharakter hervorhebt, sich aber auch in fehlender Kooperation niederschlägt. Etwas abweichend scheint die *»Darstellung eines Meinungsstreits«* auf eine Erweiterung der Rechtsprüfung abzuzielen, in der mehrere Stellungnahmen einander entgegengesetzt und abgewogen werden müssen. Unklar ist der Status der *»Seminararbeit«*, die in der *»Abhandlung eines kontroversen juristischen Problems«* besteht. Hier scheint der engere Rahmen der juristischen Rechtsprüfung überschritten zu werden.

Für die Studierenden sind Seminararbeiten eine Ausnahme, wie aus der Beschreibung eines Studierenden hervorgeht, der die Erfahrung, in einem Nebenfach eine Seminararbeit schreiben zu müssen, folgendermaßen charakterisiert: »Eine völlig neue Art des Schreibens, nicht wie sonst wird auf Gutachtenstil geachtet, vielmehr schreiben einer ‚normalen' Hausarbeit, aber völlig neu für Studierende der Rechtswissenschaften.« Es scheinen ihm Worte zu fehlen, um diese neue Erfahrung zu beschreiben.

Tabelle 1: Textarten im Jurastudium, von Lehrenden beschrieben

Nr.	Genre-Bezeichnung	Genre-Beschreibung
5000062	Falllösung	Typischerweise als Klausur (2 - 5 h) ohne Hilfsmittel oder als Hausarbeit (meist Ferienhausarbeit) mit allen zur Verfügung stehenden und zitierfähigen Quellen. Der zur Bearbeitung gestellte Fall und die dazu gestellten Fragen geben die Textstruktur im Wesentlichen vor; die sprachliche Abarbeitung begegnet vor allem der Schwierigkeit, die Vorgaben des Sachverhalts mit den Anforderungen der einschlägigen Rechtsnormen zusammenzuführen und tragfähige Begründungen zu liefern.
500006	Darstellung eines Meinungsstreites	Es ist ein juristisches Problem, die unterschiedlichen Stellungnahmen dazu und deren Begründungen mit einer eigenen Bewertung darzustellen.
500006	Klausur	Juristische Bewertung eines gegebenen Sachverhaltes
500109	Hausarbeit	Juristische Hausarbeit. Typus ist klar.
500109	Seminararbeit	Juristische Seminararbeit. Typus ist klar. Besonderheit: Prüfungsarbeit, Beratung nicht möglich.
500081	Hausarbeiten	Auf Grundlage eines schriftlich vorliegenden Kriminalfalles müssen die Studierenden gutachtlich die Strafbarkeit der beteiligten Personen darlegen.
500110	Hausarbeiten	Gutachterliche Lösung eines langen vorgegebenen Sachverhalts auf 15 -30 Seiten über die Semesterferien hinweg mit Benotung.
500110	Klausuren	Gutachterliche Lösung eines kürzeren vorgegebenen Sachverhalts in 2-5 Stunden in beliebiger Länge mit Benotung. Beide Gutachten, die einzig wirklich unterrichtete und notwendige Form des Schreibens während des Studiums (Urteil zu schreiben wird erst im Referendariat unterrichtet)
500125	Rechtswissenschaftliches Gutachten	Die Studierenden sollen erlernen, in einem juristischen Gutachten einen Fall zu lösen. Der sog. Gutachtenstil zeichnet sich durch einen klaren Aufbau aus: 1. Obersatz ("A könnte sich wegen xy strafbar gemacht haben") 2. Definition ("xy wird definiert als...") 3. Subsumtion ("A hat dadurch, dass er ...") 4. Ergebnis ("somit hat sich A wegen xy (nicht) strafbar gemacht"), der sich im Grunde durch das ganze Gutachten ziehen sollte.
500049	Seminararbeit	30 Seiten Abhandlung eines kontroversen juristischen Problems
500049	Klausuren	Lösung eines vorgegeben Sachverhaltes nach strengen juristischen Aufbauregeln, die in AGs ab dem 1. Semester gelernt werden.

IV. Diskussion und Schlussfolgerungen

Die Studierenden der Rechtswissenschaften zeichnen sich durch hohe selbst wahrgenommene Schreibkompetenzen aus, die fast alle Dimensionen des Schreibprozesses umfassen. Gleichzeitig beurteilen sie sich selbst sehr viel weniger kompetent, was die soziale Seite des Studierens und das Diskutieren betrifft. Gruppenarbeit und Kooperation scheinen beim Schreiben sehr viel weniger zum Zuge zu kommen als in anderen Fächern und dementsprechend bilden die Studierenden auch weniger Kompetenz darin aus, wie sich in ihren selbstberichteten Kompetenzen widerspiegelt.

Das juristische Studium lässt sich im Vergleich zu anderen Studiengängen eher als eine textuelle Monokultur, d.h. eine begrenzte Anzahl von didaktischen Genres umfassend, charakterisieren. Das juristische Gutachten dominiert die Schreibpraktiken, auch wenn es in zwei Formen vorkommt, der der Klausur und der Hausarbeit. Beide Genres sind auf die Ausbildung zentraler Kompetenzen der Prüfung rechtlicher Sachverhalte ausgerichtet. Sie erfordern und fördern argumentative und rhetorische, ebenso wie juristische Fachkenntnisse. Ungewöhnlich als Textpraktik erscheint die »Probeklausur« als Übung einer prüfungsrelevanten Schreibpraktik.

Sollte man Empfehlungen für das Scheiben im Jurastudium daraus ableiten, so ginge eine davon sicherlich in die Richtung, die kollaborative und interaktive Seite des Schreibens zu verstärken und den Studierenden mehr kooperative Arbeitsformen zu ermöglichen. Dazu könnte man überlegen, ob nicht die textuelle Monokultur aufgebrochen werden kann. Juristisch argumentieren lernen kann man sicherlich auch mit anderen Textarten, seien es Seminararbeiten, Essays oder reflexive Texte. Eine Variation in den Textgenres würde auch die Einführung von Peer Feedback erlauben, mit dem die Studierenden lernen, sich gegenseitig wirksam zu unterstützen. Da die juristische Gutachtenform immer mit dem Finden einer Lösung verbunden ist (von der die Bewertung abhängt), ist eine Kooperation mit anderen nicht sinnvoll. Textarten, die eher darstellend (statt problemlösend) organisiert sind, können mehr Zusammenarbeit zulassen und erlauben auch, die gedanklichen Schritte des Erkundens, Definierens, Analysierens, Prüfens, Entscheidens usw. in Texten von einer anderen Warte her zu entwickeln und zu trainieren. Auch eine bessere Verzahnung von Mündlichem und Schriftlichem ließe sich damit erreichen.

Die Sprache des juristischen Schulfalls und ihre Folgen

Thomas-Michael Seibert

Fälle müssen nicht tatsächlich stattgefunden haben. Sie fallen – wie der Name eigentlich sagt – von etwas ab, d.h. sie fallen aus Ereignissen und Geschichten gleichsam heraus und entwickeln sich dann nach dem Antrieb desjenigen, der den Fall erzählt. Damit sind sie weniger und etwas anderes als Wirklichkeit und Norm, die man dennoch mit Hilfe von Fällen erschließen kann. Dabei muss man nicht fortlaufend fragen, ob die Sache wirklich so war. Nur in den Justizbetrieb gehört der Wille zur Wahrheit, im allgemeinen Recht bleibt die Wahrheit kontingent. Es kann in Wirklichkeit auch ganz anders zugehen. In der Ausbildung ist der gerade präsentierte Fall wirklich, nur er (und nicht das wahre Leben) drängt zur symbolischen Vermittlung. Fälle sind das Andere des normativen Rechts und bringen das Denken in Gang. Insofern sind sie wirklich. Wenn Juristen sie erzählen, sind Fälle nur wirklich möglich, sie sind ein Anstoß, mit Begriffen umzugehen. Aus Juristenperspektive sind sie zufällig. Fälle entbehren der Systematik, die man in der Norm sucht und mit eigener Konstruktion des Normtextes auch finden kann. Aber Fälle sind ein Probierstein dafür, ob eine normative Konstruktion tragfähig ist und Begriffe und Schemata für Lösungsangebote enthält. Denn dem Fall fehlt auch immer etwas – jedenfalls aus juristischer Sicht. Fälle sind ein Indiz für Krankheiten, etwas stimmt nicht. »Der erste Fall war ein Sündenfall, die heutigen Fälle haben etwas Pathologisches an sich«.[1]

Pathologie setzt eine Disziplin voraus, die Leiden und Gesundheit unterscheiden kann. Es muss also eine begriffliche Entfaltung für das geben, was man als Fall präsentiert bekommt, und umgekehrt muss man üben, wie man entfaltet, was präsentiert wird. Für die moderne Rechtslehre sind Fälle insofern nicht nur der Probierstein für die Tauglichkeit begrifflicher Konzepte, sondern umgekehrt jener Teil der Ausbildung, in dem sich die juristische Profession selbst zeigen soll. Das deutsche juristische Staats-

1 *Luhmann*, Kontingenz und Recht. Rechtstheorie im interdisziplinären Zusammenhang, 2013, S. 202.

examen ist seit über 100 Jahren ein Examen an und mit Fällen. Klausuren werden über Fälle geschrieben, ganz selten über Themen. Soweit die Klausuren nicht selbst aus Schulfällen bestehen, werden solche Fälle benutzt, um auf sie vorzubereiten. Zunächst herrscht dabei die Vorstellung, man könne für eine Norm so etwas wie den »Normalfall« ihrer Anwendung schildern. Dabei muss man Abstriche von wirklichen Fällen machen oder – wie *Fritjof Haft* das genannt hat – »einen Typus, d.h. eine aufsummierte Erfahrung relativ normaler Fälle«[2] suchen. Normalfälle suchen schon sprachlich die Nähe zu Normfällen, und *Haft* will es auch so verstanden wissen, als unterlegte der Normalfall einen Tatbestand mit normaler Anschauung, legte also den Schluss nahe, dass – wenn eine Waffe gefährlich sei und ein Messer auch – dann ein Messer als ein gefährliches Werkzeug i.S.d. § 224 StGB zu gelten habe.[3] Nur ist dieses Beispiel unterkomplex. Meist muss positiv gelernt werden, was Fälle mitteilen. Die Ausbildungsfälle der Juristen sagen wenig über die Welt und das, was in ihr als gefährlich gilt, sie sagen, was Juristen dafür halten. Der Schulfall ist das Instrument, das Juristen, die sich im Besitz von Wissen glauben, gegenüber anderen verwenden, die erst noch Juristen werden bzw. das dazu notwendige Wissen in der Rechtsschule erst noch erwerben wollen. Er wird zu diesem Zweck zum »Turngerät«[4], das »Fälle und Lösungen« als Textsorte der juristischen Ausbildungsliteratur hervorbringt, wobei man – siehe oben – vorsichtig sein muss mit dem Einwand, so etwas ereigne sich gar nicht und komme nur in der Lehrbuchliteratur vor. Es gibt alles, und ich beginne mit zwei Beispielen für anormale Absurdität, mit der Begriffsnormen verdeutlicht werden, dann gehe ich über zu zwei modernen, sachlich gehaltenen und am Gerichtsvorbild orientierten Lehrbuchfällen. Die in der akademischen Ausbildung zu diskutierenden Probleme dieser sachlichen Schulfälle gehen freilich an den Streitfragen der gerichtlich verhandelten Fälle vorbei – wie gezeigt werden soll. Am Ende steht eine offenbar nicht aufhebbare pathologische Entfernung zwischen Fall und Schulfall.

Am Anfang steht ein Phänomen, über das sich einst schon *Rudolf von Jhering* amüsiert hat, als er die dogmatischen Besonderheiten eines Dachs erläuterte.[5] Für Fragen nach dem polizeirechtlichen Störerbegriff kann

---

2 *Haft*, Juristische Rhetorik, 6. Aufl. 1999, S. 70.

3 Ebd., S. 88.

4 *Hassemer*, Einführung in die Grundlagen des Strafrechts, 1981, S. 8.

5 *v. Jhering*, Scherz und Ernst in der Jurisprudenz (1884), 1975, S. 12.

man etwa den folgenden Fall (aus dem Repertoire des Repetitoriums von *Alpmann und Schmidt*) erzählen:

»(1): Es stürmt und die Ziegel fliegen von den Dächern, während unten die Passanten vorübergehen. A öffnet das Fenster und ruft: ‚Ich derelinquiere. ‘«

Den Sinn des Falles (der nicht in der Demonstration einer Geisteskrankheit besteht) versteht man nur, wenn man weiß, dass der private Eigentümer, von dessen Sache Gefahren ausgehen, für diese immer auch öffentlich-rechtlich haftet, solange er nur Eigentümer ist (sog. »Zustandshaftung«). Nun ist es aber privatrechtlich durch den einseitigen Akt der Dereliktion möglich, sich nach Belieben und jederzeit des Eigentums zu entäußern und eine Sache, die man besaß, für herrenlos zu erklären, eben zu derelinquieren. Was heißt das nun für die polizeirechtliche Haftung? Entfällt sie, weil das Eigentum entfallen ist, bevor ein Schaden (an den Passanten – noch fliegen die Ziegel) eingetreten ist? Das kann wohl nicht gut so sein (würde *Haft* mit dem »Normalfall« sagen) und ist auch nicht so. An die Stelle der sog. »Zustandshaftung« aus dem Eigentum tritt systematisch die Haftung aus gefährdender Handlung, weil eben die Dachziegel fliegen, so dass Dereliktion zwar zivilrechtlich möglich bleibt, aber weder von der polizeirechtlichen noch von der deliktischen Verantwortlichkeit befreit. Vorsichtshalber hat der moderne Verwaltungsgesetzgeber in den meisten deutschen Bundesländern dafür eine neue Norm vorgesehen mit dem Inhalt: Geht die Gefahr von einer herrenlosen Sache aus, so können die Maßnahmen gegen diejenige Person gerichtet werden, die das Eigentum an der Sache aufgegeben hat (so § 7 Abs. 3 HessSOG). Der Fall – verrückt, wie er ist – hat so sehr Schule gemacht, dass er Gesetz geworden ist.

Die Erzählungen für juristisch interessante Fälle sind fiktional. Sie repräsentieren kein Ereignis, das von außen einträte und das Recht wirklich zu einer Reaktion zwänge. Die erwartete Reaktion besteht hier in nichts anderem als in der Hervorlockung von Rechtsbegriffen. Ob sich etwas wirklich so ereignet, ob jemand die juristischen Fragen wirklich so stellt und ein Interesse an korrekter Antwort hat, ist symbolisch ohne Belang. Für Studierende gehören Schulfälle zur Schule, zu den Objekten der Begriffsanwendung. In der Schule kann man den Rechtsfall stichwortartig beschreiben, auf die Handelnden kommt es nicht mehr an, man kann sie – wie es Lehrbuchautoren gewöhnlich tun – zu bloßen Chiffren abkürzen und das Problem in Fragen sehen, die makaber und lächerlich wären, nähme man den Fall als Lebenswirklichkeit.

> »(2): A erschießt seine Frau. Wem gehört die Kugel, wenn Gütertrennung besteht?«

Auch eine solche Frage (man hat sie hinreichend ironisiert von *Rudolf Wiethölter* gehört) kann juristisch sinnvoll diskutiert werden, und man kann dabei die Kenntnisse aus (1) verwenden. Der Abschuss eines Projektils dürfte als Akt der Dereliktion gelten, so dass Eigentum aufgegeben worden ist. Da die Frau tot ist, gilt gesetzliche oder gewillkürte Erbfolge hinsichtlich der Leiche, wobei der Mörder als Erbe ausscheidet. Dann kann man immer noch fragen, ob die Kugel wesentlicher Bestandteil der Leiche geworden ist oder – nach der regelmäßig vorgenommenen Leichenöffnung zu Beweiszwecken – den Strafverfolgungsorganen gehört oder vielleicht sogar dem Präparator, der seine ganze Kunstfertigkeit auf die Wiedergewinnung solcher Objekte richtet – eine kaum noch zu trennende juristische Gemengelage. Um einen Normalfall handelt es sich schon wegen der Fragestellung nicht, auch wenn der Ehegattenmord gar nicht so selten vorkommt, wie man es gern hätte. Der Normalfall soll dem normalen Ablauf von Handlungen einigermaßen nahe kommen, auch wenn man ein sog. »Problem« implantiert. Die Richtung, in der eine Auflösung erfolgen kann und soll, wird teilweise schon mit der Fragestellung vorgegeben. Man lasse auf sich wirken:

> »(3): Student Seltsam ‚bemalt' die Straßenfront des Gebäudes der rechtswissenschaftlichen Fakultät mit politischen Parolen, deren Entfernung stundenlange mühevolle Arbeit erfordert. Strafbarkeit des Seltsam (S)?«

Die Fallerzählung, die *Volker Krey* benutzt hat, ist von *Gerhard Struck* berichtet und kritisiert worden.[6] Ihre »Lösung« liegt offensichtlich darin, dass eine Strafbarkeit bejaht werden soll, weil die Arbeit, die »Bemalung« zu beseitigen, »stundenlang« dauerte und »mühevoll« war. Damit ist schon alles gesagt. Aber so schlicht am Wortlaut der Erzählung darf eine juristisch-schulmäßige Behandlung natürlich nicht daherkommen. Erwartet wird, dass ein studentischer Bearbeiter sog. »Theorien« zu der Frage entfaltet, was im strafrechtlichen Sinne als Beschädigung einer Sache gelten soll, um dann folgerichtig auf die »Zustandsveränderungstheorie« abzustellen. Diese Lehre muss man vorher kennen, wie man auch wissen

---

6 *Krey*, Strafrecht Besonderer Teil, Bd. 2, 11. Aufl. 1998, S. 114; dazu *Struck*, Fachsprachenerwerb, sprachliche Dressur und versteckte Wertungen in der deutschen Juristenausbildung, in: Hass-Zumkehr (Hrsg.), Sprache und Recht. Institut für Deutsche Sprache – Jahrbuch 2001, 2002, S. 330 (335).

muss, dass eine Beschädigung nach dem herkömmlichen juristisch verstandenen Wortsinn in der Veränderung der Substanz liegt (die bei einer Bemalung fehlt). Insofern ist dieser kleine Fall anders als (2) übersichtlich und dient der Hervorbringung des vorher schon fallbezogen Gewussten. Aber er gehört der Sorte von Schulfällen an, die *Herbert Jäger* im Jahre 1973 als sog. »Lehrbuchkriminalität« glossierte.[7] Der Ausdruck kennzeichnet seitdem die pathologische Tendenz in der Schulfall-Erzählung.

Wenn man mit *Jäger* strafrechtliche Fallsammlungen liest, dann fällt einem auf, wie personale Chiffren, die A, B oder C heißen und X als Opfer heimsuchen, unter Ausnutzung ganz besonderer sog. »Kausalverläufe« heimtückische Erfolge erzielen. *Jäger* sah die A, B und C in einer geheimnisvollen, unerklärten Weise gegen X verschworen in einem Schema, wonach X beispielsweise zwei Tassen trinkt, die von A und B vergiftet worden sind, ohne dass diese voneinander wussten. Wie (1) und (3) dienen diese Fallgestaltungen zu nichts anderem als dem Nachvollzug universitärer Lehrmeinungen und künstlicher, praktisch folgenloser Differenzierungen. »Lehrbuchkriminalität« ist also etwas anderes als Kriminalität, der Schulfall macht den Fall über eine bestimmte Schultradition zu etwas anderem, vorzugsweise zu einem Objekt, bei dem die meist »Theorie« genannte Lehrmeinung eines oder einer Gruppe von Strafrechtslehrern der einer anderen Gruppe gegenüberzustellen ist und Studenten am Ende diesen überflüssigen Streit »entscheiden« dürfen. Lehrbuchkriminalität ist dabei im Typus nicht auf das Strafrecht beschränkt, hier nur besonders auffällig und dem Stand der Disziplin nicht mehr entsprechend. Das Privatrecht nimmt sich keineswegs realitätsgerechter aus als strafrechtliche Lehrbuchfälle, wenn unerkannt Geisteskranke Grundstücke verkaufen oder Besucher einer Weinversteigerung, die dort einem Freund zuwinken, den Zuschlag für ein Gebot erhalten.[8] Der Unterschied besteht nur darin, dass im Strafrecht eine wirklichkeitsbezogene (empirische) Kriminologie Aussagen darüber macht, welche Faktoren das Bestrafen bestimmen, und die Begriffsschulung sich auch daran und nicht am Eigenleben der Rechtsbegriffe orientieren soll. Im Strafrecht gibt es also eine ausgesprochene Gegenbewegung, die begriffliche Verselbständigungen verfolgt und denunziert, die im klassischen Privatrecht noch eine gewisse Unschuld bewahrt haben. *Jäger* selbst hat zur Formulierung anderer Schulfälle moti-

---

7 *Jäger*, Glosse über Lehrbuchkriminalität, MschrKrimStr 1973, S. 300 ff.

8 Der Fall wird auf ein Lehrbuch des Zivilrechtslehrers *Hermann Isay* zurückgeführt: https://de.wikipedia.org/wiki/Trierer_Weinversteigerung (21.03.2016).

vieren wollen, weil seine kriminologische Erfahrung gegenüber den Tätern der Lehrbuchkriminalität, also den Kollegen Hochschullehrern, nicht auf Strafen, sondern auf das bessere Beispiel setzte. *Wolfgang Naucke* hat 20 Jahre später die Rückwirkungen des Lehrbuchdenkens beschrieben und dessen Spur in der Strafrechtspraxis verfolgt. Dann zeigt sich, dass Lehrbuchstrafrecht dazu führt, dass strafrechtliche Folgen und Ergebnisse der Bekämpfung von Seuchen oder der Regelung des Gas- und Wasserwesens näher stünden »als dem, was gemeinhin als Ethik und Moral bezeichnet wird.«[9] Der Befund stammt von *Fritz Bauer*, dem Auschwitz-Aufklärer und -Ankläger, und *Naucke* führt ihn auf die fehlende theoretische Einfassung praktischer Fragen aus dem realen Strafverfahren zurück. Beispielsweise fällt beim Lehrbuchfall auf, dass er regelmäßig gar keinen Bezug zum Verfahrensablauf hat, obwohl doch praktisches Strafrecht immer mindestens mit einem vorbereitenden Teil eines Strafverfahrens verbunden ist. Darüber hinaus werden Abläufe mit einer Genauigkeit dargestellt, die verfahrensmäßig fast nie zu erreichen ist. Neuere Fallsammlungen versuchen, die gröbsten Fehler solcher Lehrbuchkriminalität zu vermeiden. Man möchte die Merkwürdigkeiten und Unwahrscheinlichkeiten vermeiden und mehr oder weniger praxisnah formulieren. So findet man zum Wirtschaftstrafrecht in einer Klausurensammlung von *Hellmann/Beckemper* einen Fall, der den Titel »Chinesische Geschäfte« trägt und von einer Tietze Maschinenbau AG (T-AG) handelt. Der Fall ist umfangreich – schon das unterscheidet ihn von der knappen Absurdität in (1) und (2) – und soll hier nur mit dem ersten Ausschnitt berichtet werden:[10]

> »(4): Vorstandsvorsitzender ist Wilhelm Tietze (T). Weitere Vorstandsmitglieder sind Friedhelm Busse (B), der den kaufmännischen Bereich betreut, und Bernhard Conrad (C), der für den technischen Bereich zuständig ist. Am 3. September 2012 wurde Gunther Müller (M) als Vertriebsleiter für den chinesischen Markt eingestellt. In China ist es üblich, Geschäftsabschlüsse mit großzügigen Zahlungen zu ‚fördern'. Das wussten auch T, B und C. Weder im Vorstand noch in einem Gespräch mit M wurde dieser Umstand jedoch problematisiert. M ging deshalb davon aus, bei der Entscheidung über solche Zahlungen freie Hand zu haben. Um den Geldfluss zu verschleiern, bildete M eine ‚schwarze Kasse': Er schloss am 20. September 2012 mit dem selbständigen Unternehmensberater Marten Olsen (O) einen Vertrag über Beratertä-

9 *Naucke*, Über Lehrbuchkriminalität und verwandte Erscheinungen, in: Böllinger/Lautmann (Hrsg.), Vom Guten das noch stets das Böse schafft. Kriminalwissenschaftliche Essays zu Ehren von Herbert Jäger, 1993, S. 280 (288).

10 *Hellmann/Beckemper*, Fälle zum Wirtschaftsstrafrecht, 3. Aufl. 2013, S. 1.

tigkeiten, die O allerdings nicht erbringen sollte. O, der wusste, dass der Vorstand gutgläubig war, erstellte absprachegemäß eine Rechnung über 250.000 € mit Umsatzsteuerausweis. M zeichnete die Rechnung ab und leitete sie an die Buchhaltung weiter, die den Betrag an O auszahlte. O führte die Umsatzsteuer ab und überwies die übrig gebliebene Summe abzüglich einer Provision in Höhe von 10.000 € auf ein Konto, für das nur M Vollmacht hatte. Der Vorstand der T-AG hatte anfänglich von dieser Transaktion keine Kenntnis. Im Zuge einer im November 2012 durchgeführten Revision erfuhr er aber von der ‚schwarzen Kasse'. B und C unternahmen jedoch nichts, weil sie durchschauten, wofür M dieses Geld einsetzen würde, und sie der Meinung waren, dass es kaum möglich sei, in China Geschäfte zu machen, ohne Zahlungen zu leisten.«

Ob nun Auszubildende oder Ausgebildete in der Rechtswissenschaft – alle, die sich Zeitungen lesend oder Nachrichten sehend durch die Welt der letzten zehn Jahre bewegt haben, erinnern sich an Fälle. Es gab Strafverfahren wegen Untreue gegen Parteimanager, die in eigenem Glauben an einen politischen Sendungsauftrag Geld verschoben haben, es gab das sog. *Mannesmann*-Strafverfahren gegen Aufsichtsratsmitglieder, die es für allgemein üblich hielten, dass ausscheidende Manager Millionenzahlungen ohne Gegenleistung erhalten, und es gab vor allem den 2006 aufgedeckten *Siemens*-Skandal, der zur bislang größten Schmiergeldaffäre der deutschen Wirtschaftsgeschichte geworden ist. Dadurch könnte dieser im Jahre 2012 – also nach Miterleben der justiziellen Aufarbeitung dieser Affäre – publizierte Schulfall eine andere Färbung erhalten. Vielleicht darf man sogar erwarten, dass der Fall auch noch in der reduktiven Version aus (4) das Rechtsgefühl anspricht und den Zeichenprozess insgesamt mit Gefühlen beginnen lässt, von denen reale Prozesse regelmäßig nicht zu lösen sind. Das ist nicht wirklich vorhersehbar, weil die Verfasser sich sprachlich ganz von Gefühlsimpulsen fernhalten wollen. Immerhin setzen sie pragmatische Akzente. Die Geschäfte finden in China statt (was dem Schulfall den Titel gibt), der Vorstand weiß erst einmal nichts, erfährt aber später davon – das ist ein Beweisergebnis aus dem wirklichen *Siemens*-Strafverfahren. Wirtschaftspraktisch oder populär-kriminalsoziologisch erfahren wir, dass in China Geschäfte eben so laufen. Wird von diesen Impulsen etwas in der Lösung aufgenommen? Was thematisiert sie überhaupt? Weil die Lösung schulmäßig sein soll, stellen die Verfasser an den Anfang, was schon immer bei der Prüfung von Straftatbeständen am Anfang stand, mit der Fallgestaltung und ihren pragmatischen Impulsen aber nichts zu tun hat. Es heißt hinsichtlich des Tatbestands der Untreue:[11]

> »(5) M könnte durch den Abschluss des ‚Beratervertrags' mit O und die Veranlassung der Zahlung an ihn die Missbrauchsalternative des § 266 StGB verwirklicht haben. (…) Die h.M. nimmt einen Missbrauch der Verpflichtungs- bzw. Verfügungsbefugnis jedoch nur an, wenn das vom Täter getätigte Rechtsgeschäft im Außenverhältnis wirksam ist. M hatte zwar grundsätzlich die Rechtsmacht, die T-AG zu verpflichten, sodass er einen regulären Beratervertrag mit Rechtswirkung für die Gesellschaft hätte abschließen können. Die mit O getroffene Vereinbarung war aber gem. § 117 BGB unwirksam, weil es sich um ein Scheingeschäft handelte. Die h.M. würde daher einen Missbrauch der Verfügungsbefugnis ablehnen. Die Gegenmeinung verzichtet jedoch auf das Erfordernis eines im Außenverhältnis wirksamen Rechtsgeschäfts und befürwortet stattdessen eine ‚strafrechtsautonome' Bestimmung des Missbrauchs, (…) Es bedarf deshalb der Streitentscheidung.«

Das ist ein klassischer Schulbuchdreischritt, bei dem man von Dialektik nicht sprechen kann: Hier ist das Eine, dort das Andere, es muss entschieden werden, und es folgt dann im Beispiel die Entscheidung für das eine Erste, die dazu führt, dass man auch die Treuebruchsalternative des § 266 StGB erörtern kann und muss. Im Ganzen handelt es sich um eine ausschließlich begriffliche Frage, anhand derer ein Bearbeiter demonstrieren soll, dass er ein Problem sieht, das auch noch strafrechtsübergreifend, nämlich im Recht der Willenserklärungen angesiedelt ist. Das ist nicht ganz einfach. Andererseits ist die ganze Frage einschließlich ihrer Lösung, die im Lehrbuch fünf Randziffern über 1,5 Buchseiten besetzt, völlig folgenlos und interessiert außerhalb der Klausurengesellschaft niemanden. Sie hätte in drei Sätzen abgehandelt werden können. Hingegen könnte man erwarten, dass die im Sachverhalt angedeuteten chinesischen Gebräuche und die gefühlte Zwangslage der Firma in irgendeiner Weise zum Gegenstand juristischer Erörterung werden. Diese beschränkt sich im Rahmen einer Prüfung der Untreue durch Unterlassung allerdings auf die folgenden Lehrbuchsätze:

> »(6) Im Zeitpunkt der Tathandlung hatten die Vorstandsmitglieder (…) noch keine Kenntnis von den Machenschaften des M, sodass er ohne deren Einverständnis handelte. Aus der späteren Billigung des Verhaltens des M kann im Übrigen nicht auf ein mutmaßliches Einverstandensein des Vorstands bei Vornahme der Tathandlung geschlossen werden. Gegen die Annahme einer Pflichtverletzung lässt sich zudem nicht überzeugend ins Feld führen, M habe

11 *Hellmann/Beckemper*, Fälle zum Wirtschaftsstrafrecht (Fn. 10), S. 3 f.

> auf lange Sicht zugunsten der T-AG gehandelt, weil er durch die Verwendung der Gelder Aufträge für die Gesellschaft beschaffte.«

Das heißt also, dass M die ganze Härte des Gesetzes trifft – könnte man denken. Die chinesischen Verhältnisse werden ebenso wie das stillschweigende Wohlwollen der Vorgesetzten mit zwei Sätzen abgehandelt. Ein mögliches Einverständnis hätte im Zeitpunkt der Tat konkret erteilt werden müssen. Daran fehlt es. Günstig war die Handlungsweise, wie noch ausgeführt wird, für die Firma auch nicht, weil sie ja langfristig zu nachteiligen Folgen führt. Das ist eine Argumentation mit der Zeit, die an zwei entscheidenden Stellen zum Nachteil des Täters gereicht. Insofern wird auf den drei Seiten der Klausurlösung, die den Tatbestand der Untreue behandeln, kein ernsthaftes juristisches Problem sichtbar. M ist offensichtlich – wie moderne Strafrechtslehrer eben meinen – strafbar. Aber wird er auch bestraft?

Diese Frage stellen juristische Schulfälle überhaupt nicht bzw. es wird so getan, als ob selbstverständlich strafbares Handeln auch bestraft wird oder wenigstens bestraft werden müsste. Manche, aber nur noch verhältnismäßig wenige Hochschullehrer, verweisen auf den akademischen Charakter der universitären ersten Ausbildungsphase. Allerdings würde gerade die akademische Ausbildung es verlangen, dass ihre Absolventen über eine Sprache verfügten, mit der die Probleme der Bestrafung angemessen ausgedrückt werden könnten. Sie stehen nicht nur im Vordergrund strafrechtlicher Begriffsarbeit, sondern beherrschen sie ganz, weil es gerade Strafrecht nur im und mit Verfahren gibt. Wenn man also praxisbezogen und fallorientiert auf Strafrecht vorbereiten will – und das will man wohl mit der ganz herrschenden Schulfallpräsentation –, dann müsste man sich im Rahmen einer akademischen Ausbildung eigentlich für eine Zeichenpraxis interessieren, die zur Sprache bringen kann, was im praktischen Verfahren selbst verschwiegen bleibt. An dieser Stelle muss man auf den *Siemens*-Schmiergeldskandal sehen und bemerken, dass dieser Fall praktisch – wie es in der Zeitungsberichterstattung hieß – »weitgehend im Nichts zu versanden« drohte. B war bei *Siemens* der frühere Finanzvorstand *Heinz-Joachim Neubürger*, und über *Neubürger* schreibt man im wirklichen Leben des Falls:[12]

12 Xing-Gruppe Corporate Compliance, Einstellungen im Siemens-Skandal, http://seibert.biz/siemens (15.07.2016).

»(7) Gut vier Jahre haben Münchner Staatsanwälte ermittelt und müssen das Verfahren nun einstellen. *Neubürger* will ein Angebot der Ermittler annehmen, das Verfahren gegen eine Geldauflage einzustellen, erklärte sein Anwalt. Damit wäre der Fall erledigt, ohne dass es zu einer Verurteilung oder Schuldfeststellung gekommen wäre. Erst im Mai war der Prozess gegen Ex-Vorstand *Thomas Ganswindt* ebenfalls gegen Zahlung einer Geldauflage von 175.000 Euro beendet worden. Bei *Neubürger* sind 400.000 Euro im Gespräch. Ursprünglich waren sich die Ermittler sicher, *Neubürger* nachweisen zu können, von Machenschaften gewusst und sie nicht bekämpft zu haben. Nach Stand der Dinge muss damit kein hochrangiger Siemensverantwortlicher wegen der Affäre ins Gefängnis oder eine Bewährungsstrafe hinnehmen.«

Manche Beobachter pflegen Einstellungen gegen Geldauflage schnell als »Kuhhandel« zu werten, der nur den Reichen vorbehalten bleibe und auch nur sie vor den Folgen des Strafverfahrens schütze. Abgesehen davon, dass diese Einschätzung in der Breite nicht zutrifft, kann man speziell am *Siemens*-Fall darüber nachdenken, welche Wirkungen das Justizverfahren hat und welche Funktion ihm zugedacht ist. Ungeachtet des Ergebnisses aus dem Jahre 2011 beging *Neubürger* im Februar 2015 Selbstmord. Das Zeitung lesende Publikum konnte sich Gedanken darüber machen, ob dieser Suizid mit der Justizerfahrung (die doch vom Ergebnis her ganz freundlich hätte erscheinen können) in Verbindung zu bringen ist, und das ist auch eine relevante Frage. Man sollte das wirkliche Schicksal nicht mit der These abwehren, solche Folgen seien für ein universitäres Strafrecht nicht interessant. Das stimmt weder gefühlsmäßig noch begrifflich. Vielmehr fällt auf, wie schmal die strafrechtliche Begrifflichkeit tatsächlich ist, mit der man hier nur jenseits der eigentlichen Probleme operieren kann. Es fehlt nämlich an Gesichtspunkten, mit denen Schuld differenziert behandelt werden könnte. Die dazu in der juristischen Lehrbuchsprache entwickelten Formeln sind so unterkomplex wie die tatsächliche Behandlung, über die es in der Zeitungsberichterstattung über das Verfahren des Gerichts nach Anklageerhebung heißt:[13]

»(8) Doch die Schuld des ehemaligen Vorstandes ist nach Ansicht der Richter gering: Der Schmiergeldprozess gegen den ehemaligen Siemens-Vorstand soll ohne Urteil abgeschlossen werden – gegen Zahlung einer Geldauflage von 175.000 €. Der Ex-Manager war wegen Steuerhinterziehung und vorsätzlicher Verletzung der Aufsichtspflicht angeklagt. Der 50-Jährige hatte die Vorwürfe zum Prozessbeginn zurückgewiesen. Wenn *Ganswindt* die Geldauflage bezahlt, wird das Verfahren nach Angaben des Gerichts endgültig einge-

13 Süddeutsche Zeitung v. 19.05.2011, http://seibert.biz/ganswindt (15.07.2016).

stellt. Einen Teil der Vorwürfe hatten die Richter aber vor Prozesseröffnung abgetrennt. Dabei geht es um die Anschuldigung, der Manager habe in sieben Korruptionsfällen Beihilfe durch Unterlassung begangen. Die Staatsanwaltschaft wirft ihm vor, er habe zumindest von Bestechungsfällen in seinem Zuständigkeitsbereich wissen müssen. Der Justizsprecher sagte, die Kammer werde vermutlich erst nach der Bezahlung der Geldauflage entscheiden, wie sie mit dem abgetrennten Teil des Verfahrens umgehen wolle.«

Zwölf Seiten oder 47 Randziffern verwenden *Hellmann/Beckemper* insgesamt auf die Erörterung des Falls. Im praktischen Fall reduziert sich der wirklich verhandelte Teil auf die ersten 1,5 Seiten im Klausurenbuch mit den bereits erwähnten fünf Randziffern und dem Begriff der Schuld, über dessen Umfang der Schulfall nicht ausbildet. Die Strafverfolgung beschränkt sich auf den Untreuetatbestand und lässt die Bestechungsfrage ebenso wie die Steuerhinterziehung unbehandelt. Das ist kein Vorbild für die schulgerechte Behandlung des Problems. Aber es macht deutlich, dass man im Strafrecht etwas wissen muss über die Gewichtung von Tatbeständen im Fall, ehe man Ausführungen über den Tatbestand macht. Strafrechtsklausuren könnten wesentlich kürzer ausfallen, als sie es tun, wenn sie sich auf Probleme bezögen, die außerhalb eines geschlossenen Ausbildungsbetriebs auch anerkannt werden.

Die Pathologie des Schulfalls beschränkt sich nicht auf das Strafrecht. Man kann rechtsgebietsübergreifend beobachten, dass Schulfälle an Gerichtsverfahren anschließen wollen und weitgehend versuchen, den Eindruck zu vermeiden, man bilde für Lehrbuchjurisprudenz aus. Es soll deshalb noch ein unspektakuläres, nicht in Zeitungen berichtetes Beispiel aus dem Mietrecht folgen. Das ist ein Schulfall des Schuldrechts unter der Überschrift »Nichts los im Einkaufscenter«[14]:

»(9): Die Constructa GmbH (C) errichtete in der Stadt Augsburg ein Einkaufscenter und vermietete die Läden an Geschäftsleute. Unter anderem mietete auch Hermine Hörwick (H) einen Laden für 1500 € pro Monat und betrieb darin eine Modeboutique. Nach einem Jahr mussten jedoch viele Geschäfte schließen. Deswegen kamen immer weniger Kunden in das Einkaufscenter, sodass die Hörwick nur noch unbedeutende Umsätze machte. Sie kündigte daraufhin am 20.3. den auf zehn Jahre befristeten Mietvertrag fristlos und räumte den Laden zum 31.3. Die Constructa Gmbh hält die Kündigung für unwirksam und verlangt von der Hörwick die Miete für April. Zu Recht?«

14 *Fritzsche*, Fälle zum Schuldrecht I. Vertragliche Schuldverhältnisse, 6. Aufl. 2014, S. 360 Rdz. 5f.

Der Fall hat ein Gerichtsvorbild, nämlich eine Entscheidung des BGH, der ein Urteil des OLG Naumburg vorausging.[15] Ort der Handlung war nicht Augsburg, sondern Halle. Aber für den Schulfall soll das keine Rolle spielen wie überhaupt der mietrechtliche Hintergrund nicht weiter vertieft wird. Autor *Jörg Fritzsche* stellt seiner Musterlösung sog. »Vorüberlegungen« zum Ort und zur Reihenfolge der Anspruchsgrundlagen voran, führt dabei das Verhältnis zwischen §§ 543 und 313 BGB länger aus und bemerkt, dass es eigentlich um den Grundsatz »pacta sunt servanda« gehe, auch wenn dieser im BGH-Urteil nicht ausdrücklich erwähnt wird. Die Schulfalllösung ist konzentriert auf die Frage, ob das Einkaufscenter, das überwiegend leer stehe, einen Mangel aufweise. Dazu kann man schulmäßig ausführen:

> »(10) Der vertragsmäßige Gebrauch wird insbesondere dann nicht gewährt bzw. wieder entzogen, wenn die Mietsache einen Mangel aufweist. Daher ist zu fragen, ob hier die vermieteten Räume mangelhaft sind. Unter einem Mangel ist die für den Mieter nachteilige Abweichung des tatsächlichen Zustands der Mietsache von dem vertraglich geschuldeten Zustand zu verstehen, wobei sowohl tatsächliche als auch rechtliche Verhältnisse in Betracht kommen. Auch bestimmte äußere Einflüsse oder Umstände können einen Mangel begründen. Allerdings ist dazu eine unmittelbare Einwirkung auf die Gebrauchstauglichkeit erforderlich. Umstände, die die Eignung der Mietsache zum vertragsmäßigen Gebrauch nur mittelbar berühren, reichen nicht aus. Der Umstand, dass viele andere Läden im Einkaufscenter schließen mussten, hat zwar Einfluss auf den Kundenstrom und die zu erwartenden Umsätze. Es handelt sich dabei jedoch um einen Umstand, der allenfalls mittelbar die Gebrauchstauglichkeit des an H vermieteten Ladens beeinträchtigt.«

Vorgeführt wird ein Schema, das sich in der strafrechtlichen Klausurbearbeitung von (7) auf den Umstand bezieht, dass der Vorstand die Schwarzgeldzahlung zwar ursprünglich nicht gekannt, aber später gebilligt habe. So wie dort ein mögliches Gegenargument in apodiktischer Sprechweise aus dem Feld geräumt wird (gegen die Annahme einer Pflichtverletzung lasse sich nichts »überzeugend ins Feld führen«), so wird in (10) der Umstand, dass viele andere Läden im Einkaufscenter schließen mussten, als nur mittelbar erledigt. Das entspricht durchaus der herrschenden Praxis, weshalb wirtschaftlich mächtige Filialunternehmen beim Abschluss von Verträgen in Einkaufscentern die Klausel diktieren, die Mieterin habe ein Kündigungsrecht, wenn nur einer oder – je nachdem – auch eine bestimmte Anzahl der im Einkaufszentrum angesiedelten Betreiber ihren Betrieb

---

15 BGH NJW 2000, S. 1714 (1715).

einstellten. In der Lösung des Lehrbuchfalls taucht diese Möglichkeit zwar auf, wird aber im Stil eines zivilistischen Urteils sofort umstandslos zurückgewiesen. Dazu heißt es:[16]

> »(11): Allerdings gewährt § 313 Abs. 1 BGB einen Anspruch auf Vertragsanpassung nicht schlechthin, sondern nur ‚soweit einem Teil unter Berücksichtigung aller Umstände des Einzelfalls, insbesondere der vertraglichen oder gesetzlichen Risikoverteilung, das Festhalten am unveränderten Vertrag nicht zugemutet werden kann.' Es ist deshalb zu fragen, wie die vertragliche oder gesetzliche Risikoverteilung im Mietvertrag zwischen C und H geregelt ist. Hierfür gilt, dass bei einem Mietvertrag, soweit nichts anderes vereinbart ist, der Mieter grundsätzlich das Verwendungsrisiko trägt, bei einer Geschäftsraummiete also das Risiko der Gewinnerzielung mit der Mietsache. Daran ändert es nichts, dass auch der Vermieter von einem wirtschaftlichen Erfolg der Vermietung ausgeht.«

Das letzte Argument stammt fast wörtlich aus dem Urteil,[17] dessen Begründung in die schulmäßige Darstellung übernommen wird. Der Sache nach fällt der kanonisch hervorgehobene Unterschied zwischen Urteils- und Gutachtenstil in sich zusammen. Wo die Sache schwierig wird, verfällt der Autor ins Apodiktische. So ist es eben. Anders als in Strafsachen kann man sich im Rahmen der Zivilklage damit trösten, dass es in einem solchen Fall dem anwaltlichen Vertreter der Mieterin obliegt, diese Art der Regelung des Verwendungsrisikos zum Teil einer AGB-Regelung zu erklären, die den Verwender der AGB einseitig bevorteile und nicht zu erwarten gewesen sei – eine schwierige Angelegenheit, die auf tatsächliche Informationen angewiesen ist, von denen der Schulfall aber nichts wissen will. Denn in der Rechtsschule soll nur für Rechtsfragen ausgebildet werden. Deren Verbindung mit Tatsachenvortrag möchte man aussparen, obwohl gerade darin die akademische Frage jedes Nicht-Schulfalls besteht. Tatsachenvortrag wäre vermutlich auch notwendig, wollte man das Vorhandensein bestimmter oder milieuprägender Läden in Einkaufscentern zum Gegenstand der Geschäftsgrundlage machen, deren Veränderung eine Vertragsanpassung notwendig mache. Darüber verliert die Falllösung nicht einmal ein Wort.

Das führt zurück zu der Frage nach den Folgen dieser Art ausbildungspraktischer Sprachlichkeit. *Gerhard Struck* hat dazu schon resümiert, dass Schulfälle mit praktischen wie theoretischen Rechtsfragen nichts zu tun

---

16 *Fritzsche*, Fälle zum Schuldrecht I. Vertragliche Schuldverhältnisse (Fn. 14), S. 364 Rdz. 13 f.

17 BGH NJW 2000, S. 1717.

haben.[18] Wie weit auch immer ihr Ereignisvorbild an wirkliche Fälle angelehnt ist, machen Rechtslehrer aus Fällen Turngeräte, und das ist noch die bessere Variante der Verwandlung vom Gerichtsfall in den Schulfall. Die schlechtere Verwandlungsfolge besteht darin, dass Problemfreiheit dorthin gesetzt wird, wo das Problem beginnt, also beispielsweise in (6) bei den gegen die Annahme einer Pflichtverletzung »ins Feld zu führenden« Umständen, von denen die schulmäßige Lösung sagt, es gebe keine, und in (10) bei der Frage des Mangels oder der Geschäftsgrundlage eines Mietvertrags im Einkaufscenter. Solche tatsächlichen Problemschwerpunkte handelt man sich ein, wenn man aus der Lehrbuchkriminalität herauskommen und den Ausbildungsfall so wirklich wie möglich machen will. Fallkonstrukte in der Manier von (1) und (2) haben damit kein Problem und begnügen sich mit dem Charakter eines Turngeräts. Aber in der neuen Juristenausbildung soll »fürs Leben« ausgebildet werden, wenn man nur wüsste, was »Leben« heißt. Einen Stachel in die geübte Praxis treiben heißt die Fragen zu stellen, die Betroffene eines solchen Falls stellen und die sie in der unterkomplexen Gerichtspraxis nicht behandelt sehen. Das ist eine akademische Aufgabe für die Zukunft der Fallgestaltung.

---

18 *Struck*, Fachsprachenerwerb, sprachliche Dressur und versteckte Wertungen in der deutschen Juristenausbildung (Fn. 6), S. 331.

Fraglich ist, ob und wie der Gutachtenstil lehrbar ist. – Eine Antwort aus der Praxis

Tina Hildebrand

I. Einleitung

Lernen Studierende den Gutachtenstil besser nebenbei oder explizit? In der Regel wird der Gutachtenstil in den Arbeitsgemeinschaften und Anfängervorlesungen erklärt, selten aber werden ganze Kurseinheiten oder Übungen zu diesem Thema angeboten.

Nach 2000 wurden mehrere Bücher zum juristischen Schreiben veröffentlicht[1], dies spricht für ein steigendes Interesse seitens der Studierenden an expliziter Vermittlung. Selbst in den Skripten der kommerziellen Repetitorien werden mittlerweile Einführungen zum Gutachtenstil vorangestellt.[2] Den größten Teil des Gutachtenstils lernen die Studierenden nebenbei, durch das Schreiben von Klausuren im Trial-and-Error-Verfahren und durch das Lesen von Fall-Lösungen. Fortgeschrittene Studierende bekommen kaum Unterstützung beim Erlernen, was fachdidaktisch besonders bemerkenswert ist, da sich die Anforderungen an ein Gutachten im Laufe des Studiums verändern: das Schwerpunktsetzen wird zunehmend wichtiger und damit auch das Weglassen einzelner Gutachtenschritte. In der juristischen Schreibberatung zeigt sich dieses Phänomen immer wieder: fortgeschrittene Studierende, die zu ausführliche Gutachten schreiben, weil sie nicht in der Lage sind, den Gutachtenstil zu verkürzen. Auch hochschulpolitisch kann dieser Punkt relevant sein: diese Studierenden konzentrieren sich häufig mehr auf den Erwerb materiell-rechtlichen Wissens, ohne in den Klausuren besser zu werden, was zu Frustration und Abbruch des Studiums führen kann.

---

1 *Schimmel*, Juristische Klausuren und Hausarbeiten richtig formulieren, 11. Aufl. 2014; *Valerius*, Einführung in den Gutachtenstil: 15 Klausuren zum Bürgerlichen Recht, Strafrecht und Öffentlichen Recht, 3. Aufl. 2009; *Mix*, Schreiben im Jurastudium, 2011; *Hoffmann*, Deutsch fürs Jurastudium: in 10 Lektionen zum Erfolg, 2014.

2 Z. B. *Pechstein*, Basiswissen BGB Allgemeiner Teil, S. 1 ff.

An den Universitäten wächst in allen Fächern das Bewusstsein, dass wissenschaftliches Schreiben als Schlüsselqualifikation vermittelt werden sollte.[3] Die Universität Bielefeld bietet für verschiedene Zielgruppen ein umfangreiches Angebot zum juristischen Schreiben: Fachsprachkurse für internationale Jurastudierende, wöchentliche Gutachtenstiltrainings für Erstsemester, einen Schreibkurs Jura für Fortgeschrittene. Alle Studierenden können die juristische Schreibberatung in Anspruch nehmen.

Dieser Beitrag aus der Praxis wendet sich an Lehrende und zeigt, wie man den Gutachtenstil mit kurzen Schreibübungen von fünf bis zehn Minuten vermitteln kann. Er beschreibt zunächst den Nutzeffekt des Schreibens und gibt didaktische Anregungen, wie Schreiben in die Veranstaltungen integriert werden kann und welche Themengebiete sich dafür besonders anbieten.[4] Ursprünglich wurden die Übungen für internationale Studierende entwickelt, also mit Methoden der Fremdsprachendidaktik.[5] Sie wurden mit muttersprachlichen Studierenden erprobt und im Rahmen einer lernzielorientierten Evaluation als sehr lerneffektiv eingestuft – die Ergebnisse und die Evaluationsform werden am Ende des Beitrags vorgestellt.

II. Warum schreiben? Warum schreiben lehren?

Inhalte werden durch Schreiben vertieft gelernt – so die Ergebnisse einer US-amerikanischen Studie, in der 23.000 Studierende aus 82 unterschiedlichen Colleges und Universitäten befragt wurden.[6] Je mehr Schreibübun-

---

3 *Girgensohn*, Neue Wege zur Schlüsselqualifikation Schreiben, 2007, S. 15.

4 Die vorgestellten Übungen werden an der Universität Bielefeld regelmäßig im Rahmen des Gutachtentrainings durchgeführt und sind beim A. Francke Verlag (utb-Reihe) erschienen: *Hildebrand*, Juristischer Gutachtenstil – Ein Lehr- und Arbeitsbuch, 2014.

5 *Langelahn*, »Zunächst ist zu fragen, ob… man das Gutachtenschreiben nicht doch lernen kann« – das Jura-Fachsprachenangebot an der Universität Bielefeld, in: Chlosta/Leder/Krischer (Hrsg.), Auf neuen Wegen: Deutsch als Fremdsprache in Forschung und Praxis, 2008, S. 227 ff.; *Stepputtis*, Die juristische Falllösung: Vermittlung relevanter sprachlicher Kenntnisse und Fähigkeiten im Rahmen von studienbegleitenden Angeboten für internationale Studierende, in: Brandl/Duxa/Leder/Riemer (Hrsg.), Ansätze zur Förderung akademischer Schreibkompetenz an der Hochschule, 2010, S. 125 ff.

6 *Anderson/Anson/Gonyea/Pain*, in: The Consortium of the Study of writing in College, 2009.

gen angeboten werden, desto vertiefter lernen die Studierenden fachliche Inhalte. Allerdings stellt sich der Lerneffekt nur ein, wenn die Schreibübungen einen Bezug zum Fach, eine angemessene Komplexität haben und von Feedback und Austausch begleitet werden.

Ein zweiter Grund, warum Schreiben im Jurastudium vermittelt werden sollte: In den Klausuren herrscht großer Zeitdruck. Viel Wissen muss in kurzer Zeit auf einen Fall angewendet werden. Schneller Schreiben ist mit Aufofahren vergleichbar: Zu Beginn wird über jede Teilhandlung nachgedacht, darüber, den Fuß vom Gaspedal herunter zu nehmen und die Hand an die Gangschaltung zu legen, bis sich die Fähigkeiten automatisieren. Je größer das Wissen über das Schreiben ist und je mehr dieses Wissen trainiert wird, desto routinierter, schneller und selbstbewusster schreiben die Studierenden.

Eine Fahrschule, die ihre Schüler zum ersten Mal in der Prüfung fahren lässt, wird wohl nicht besonders erfolgreich sein. Um eine solche Trennung von Theorie und Praxis im Studium zu vermeiden, ist es sinnvoll, bereits in der Veranstaltung schreiben zu lassen. Schreiben ist ein Handwerk, das man lehren kann[7]. Leider besteht auch in den Lehrveranstaltungen selbst extremer Zeitmangel, der es erschwert, dem Schreibenlehren Zeit auf Kosten der fachlichen Inhalte zu »opfern«. Eine Möglichkeit wäre, kurze Schreibübungen in die begleitenden Arbeitsgemeinschaften zu integrieren oder einen eigenen Kurs anzubieten. Beide Strategien werden an der Universität Bielefeld verfolgt.

III. Wie kann man den Gutachtenstil lehren?

Jeder Schreibprozess besteht aus drei Grundhandlungen: Planen, Formulieren und Überarbeiten.[8] Allerdings finden diese meist nicht chronologisch statt, sondern müssen miteinander koordiniert werden. Schreibblockaden entstehen dadurch, dass sich zu viele Tätigkeiten gleichzeitig blockieren. Deshalb ist es hilfreich, den Schreibprozess zu entzerren, also nicht den fertigen Text vor Augen zu haben, sondern sich die kleinen

---

7 *Feilke/Steinhoff*, Zur Modellierung der Entwicklung wissenschaftlicher Schreibfähigkeiten, in: Ehlich/Steets (Hrsg.), Wissenschaftlich schreiben – lehren und lernen, 2003, S. 112 (121).

8 *Hayes/Flower*, Identifying the organization of writing processes, in: Gregg/Steinberg (Hrsg.), Cognitive Processes in Writing, 1980, S. 3 (11).

Schritte auf dem Weg bewusst zu machen.[9] Selbst wenn jeder den Schreibprozess unterschiedlich bewältigt, bleibt eine Entzerrung hilfreich.

Diese Entzerrung kommt auch dem Lehren des Gutachtenschreibens entgegen. Die drei Haupthandlungen bestehen im Anfertigen der Lösungsskizze, dem Ausformulieren im Gutachtenstil und, sollte es zeitlich möglich sein, einer Überarbeitung. Bei einem Gutachten lassen sich leicht weitere Prozessteile identifizieren: Obersatz, Definition, Subsumtion und Ergebnis. Für ein ganzes Gutachten bleibt keine Zeit, aber ein Ausschnitt ist durchaus realisierbar: Kurze Teile des Gutachtens formulieren lassen, zum Beispiel nur ein Merkmal, nur den ersten Obersatz oder eine Subsumtion. So wird die Hürde gesenkt, ein ganzes Gutachten schreiben zu müssen und die Studierenden werden auf diese Weise motiviert. Letztlich bleibt die Frage: Was ist wichtiger: den Studierenden einen Überblick über den gesamten Lernstoff zu geben oder, dass sie einen kleineren Teil verstehen und anwenden können?

IV. Welche Übungen eignen sich für »zwischendurch«?

Wie bereits erwähnt, hängt nach der NSSE-Studie der Lernerfolg auch von der Aufgabenstellung und der fachlichen Einbettung ab. Welche Themen des Gutachtenstils eignen sich also besonders für die Vermittlung? In der juristischen Schreibberatung hat sich gezeigt, dass die meisten Studierenden mit ähnlichen Schwierigkeiten kämpfen – unabhängig davon, ob ein Migrationshintergrund besteht. Besonders schwierig für die Studierenden und damit besonders für die Lehre geeignet, sind Aufgaben zu folgenden Themenbereichen:

- Angemessene Wortwahl
- Schwerpunktsetzen
- Meinungsstreit

9 *Kruse*, Lesen und Schreiben, 2. Aufl. 2015, S. 59.

1. Wie vermittelt man eine angemessene Wortwahl?

Wissenschaftstexte erheben Anspruch auf höchstmögliche Neutralität, alle Aufmerksamkeit wird auf den Gegenstand gelenkt.[10] Die Gesetzessprache strebt außerdem nach Präzision, Transparenz und Effizienz.[11] Der hohe Stellenwert der Präzision und der Effizienz manifestiert das Ideal des Gesetzgebers, möglichst vollständig und lückenlos zu regeln und dies in knapper und kondensierter Form. Die juristische Schreibweise lehnt sich an die Sprache des Gesetzes an.[12] Dieses Bestreben zeigt sich auch in einem Gutachten: jedes Wort, das nicht der Falllösung dient, ist ineffizient, Exkurse sind unerwünscht. Ist die Funktion der Effizienz nicht gegenwärtig, kommt es zur »Wissensabladung«, Studierende schreiben erklärende Sätze, die die Fall-Lösung nicht voranbringen.

Durch die Vermittlung dieser Ideale und Funktionen der juristischen Fachsprache können dem Studierenden effektive Werkzeuge an die Hand gegeben werden, die nicht nur die Rezeption positiv beeinflussen, sondern im Idealfall dazu befähigen, sich selbst sprachliche Mittel herzuleiten. Die Studierenden werden sehr viel leichter die notwendigen Kenntnisse zur selbständigen Textproduktion (z.B. bei Fall-Lösung oder Wiedergabe des Sachverhalts) erlangen. Dazu bietet sich zum Beispiel eine Übung (s. Abbildung 1) an, bei der die Studierenden nicht neutrale und überflüssige sprachliche Mittel selbst heraussuchen und sie auf ihre Funktion hin analysieren. Diese Übung wird im Rahmen der Erstsemesterwoche durchgeführt und kann gut gelöst werden.

---

10 *Beneš*, Die formale Struktur der wissenschaftlichen Fachsprachen in syntaktischer Hinsicht, in: Bungarten (Hrsg.), Wissenschaftssprache, 1981, S. 185 (187).

11 *Otto*, Die Paradoxie einer Fachsprache, in: Radtke (Hrsg.), Der öffentliche Sprachgebrauch, Bd. 2: Die Sprache des Rechts und der Verwaltung, 1981, S. 44 (50).

12 *Daum*, Rechtssprache – eine genormte Sprache?, in: Radtke (Hrsg.), Der öffentliche Sprachgebrauch, Bd. 2: Die Sprache des Rechts und der Verwaltung, 1981, S. 83 (84).

Abbildung 1: Übung zur angemessenen Wortwahl[13]

Aufgabe 1: Vergleichen Sie die Sätze: Welcher Stil ist angemessen?

Fraglich ist, ob das Demonstrationsverbot für die Partei „Ganz Recht" in die Versammlungsfreiheit gem. Art. 8 I GG eingreift. Ein Eingriff ist jede staatliche Maßnahme, die dem Einzelnen das vom Grundrecht geschützte Verhalten erschwert oder unmöglich macht. Durch das Verbot der Demonstration wird der „Ganz Recht"-Partei die geplante Versammlung unmöglich gemacht. Folglich greift das Demonstrationsverbot in die Versammlungsfreiheit ein.

Wahrscheinlich greift das Demonstrationsverbot für die Partei „Ganz Recht" in die Versammlungsfreiheit gem. Art. 8 I GG ein. Ein Eingriff ist ja jede staatliche Maßnahme, die dem Einzelnen das vom Grundrecht geschützte Verhalten leider erschwert oder unmöglich macht. Dieses Grundrecht ist aufgrund des Demokratieprinzips, nachdem alle Macht vom Volk ausgeht, von höchster Bedeutung. Durch das Verbot der Demonstration wird der „Ganz Recht"-Partei immerhin die geplante Versammlung unmöglich gemacht. Folglich greift das Demonstrationsverbot natürlich sehr stark in die Versammlungsfreiheit ein.

2. Wie vermittelt man Schwerpunktsetzung?

Die Relevanz des Schwerpunktsetzens ist hoch: Ohne das Setzen eines Schwerpunkts wird eine Klausur nur schwerlich bestanden. Im Schreibkurs-Jura werden die Studierenden regelmäßig befragt: Wer setzt einen Schwerpunkt, indem er Gutachtenschritte weglässt? Wer hat Zeitprobleme? Wer beendet Klausuren nicht? Fast alle Studierende melden sich bei allen drei Fragen. Nach ihrer Einschätzung kürzen sie ab, sind aber vielleicht noch zu zaghaft. Die größte Schwierigkeit der Studierenden besteht darin, zu entscheiden, wann sie abkürzen können. Vor allem, weil sie in der Klausur sehr schnell entscheiden müssen, ob sie ein Merkmal verkürzt prüfen oder nicht. Die folgende Übung (siehe Abbildung 2) schult das Judiz der Studierenden, indem sie für einzelne Tatbestandsmerkmale entscheiden müssen, ob sie ausführlich oder im abgekürzten Stil prüfen würden.

13 *Hildebrand*, Juristischer Gutachtenstil (Fn. 4), S. 3.

Abbildung 2: Übung zum Schwerpunktsetzen[14]

Aufgabe: Ein Tatbestandsmerkmal kann von Fall zu Fall unterschiedlich schwierig zu subsumieren sein. Kreuzen Sie an, wie Sie prüfen würden.

	Sachverhalt = Tatbestandsmerkmal	Abkürzen	Ausführlich
a)	Picasso = Kunst		
b)	Graffiti = Kunst		
c)	Bauer T lässt seine Kühe bei Bauer O grasen. Gras = bewegliche (Sache)		
d)	Auto = Sache		
e)	Reifen zerstechen = beschädigen		
f)	Luft aus Reifen ablassen = beschädigen		
g)	„Idiot!" = Beleidigung		
h)	„Sie Mensch, Sie!" = Beleidigung		
i)	Pistole = Waffe		
j)	Spielzeugpistole = Waffe		
k)	A nickt zum Angebot des B = Annahme		
l)	A sagt „Ja" zum Angebot des B = Annahme		

3. Wie vermittelt man die Darstellung eines Meinungsstreits?

Gerade Studienanfänger verwirrt die Darstellung des Meinungsstreits, denn dieser orientiert sich zwar am Gutachten, stimmt aber nicht mit diesem überein. Es gibt unterschiedliche Möglichkeiten, ihn aufzubauen. Die größte Übereinstimmung mit dem Gutachtenstil erreicht folgender Aufbau: Obersatz, Definitionsvorschlag, Subsumtion, Ergebnis im Konjunktiv II, Wiederholung für die anderen Ansichten und im Anschluss die Erörterung der Argumente mit abschließender Stellungnahme. Dieser Aufbau eignet sich daher sehr gut für die Vermittlung gerade für Studienanfänger.

Manche bevorzugen, schon beim Vorstellen der Ansichten zu argumentieren. Das hat den Vorteil, dass es für den Leser klingt, als leite sich der Verfasser die Ansichten gerade selbst ab,[15] aber auch den Nachteil, dass stärker von der Gutachtenstruktur abgewichen wird, die Argumente schon vor der Stellungnahme »verbraucht« werden und dieser Aufbau gerade für Anfangssemester schwieriger zu verstehen ist. Ein Weg, den Aufbau zu vermitteln, stellt folgendes Arbeitsblatt (siehe Abbildung 3) dar, bei der die Studierenden lediglich die fehlenden Gutachtenschritte eintragen.

14 *Hildebrand*, Juristischer Gutachtenstil (Fn. 4), S. 44.
15 *Valerius*, Einführung in den Gutachtenstil (Fn. 1), S. 26.

Abbildung 3: Übung zum Meinungsstreit[16]

Aufgabe 1: Unterstreichen Sie das umstrittene Tatbestandsmerkmal in § 226 I StGB für diesen Fall:
T sticht O mit einem Messer in den Rücken. Dabei wird eine Niere so schwer verletzt, dass sie versagt.
Hat T sich wegen einer schweren Körperverletzung gem. § 226 I StGB strafbar gemacht?

§ 226 Schwere Körperverletzung
(1) Hat die Körperverletzung zur Folge, daß die verletzte Person
1. das Sehvermögen auf einem Auge oder beiden Augen, das Gehör, das Sprechvermögen oder die Fortpflanzungsfähigkeit verliert,
2. ein wichtiges Glied des Körpers verliert oder dauernd nicht mehr gebrauchen kann oder
3. in erheblicher Weise dauernd entstellt wird oder in Siechtum, Lähmung oder geistige Krankheit oder Behinderung verfällt,
so ist die Strafe Freiheitsstrafe von einem Jahr bis zu zehn Jahren.

Aufgabe 2: Formulieren Sie den Streit bis zur Erforderlichkeit der Stellungnahme.

1. Normaler Obersatz (Niere = Körperglied)

2. Definitionsvorschlag Ansicht I (jeder Körperteil, der mit einem anderen durch ein Gelenk verbunden)
Nach einer Ansicht ist ein Körperglied jeder Körperteil, der mit einem anderen durch Gelenk verbunden ist.
Subsumtion

Ergebnis für den konkreten Fall
Danach wäre die Niere kein Körperglied.

3. Definitionsvorschlag Ansicht II (auch sonstige äußere Körperteile)

Subsumtion

Ergebnis für den konkreten Fall

4. Definitionsvorschlag Ansicht III (eine in sich abgeschlossene Existenz mit besonderer Funktion im Gesamtorganismus)

Subsumtion

Ergebnis für den konkreten Fall

5. Stellungnahme erforderlich

16 *Hildebrand*, Juristischer Gutachtenstil (Fn. 4), S. 57.

V. Wann ist ein Gutachten ein gutes Gutachten? Welche Kriterien gibt es?

Abbildung 4: Checkliste Gutachtenstil[17]

Obersätze	Ja	Nein
Haben alle Obersätze Bezug zum Sachverhalt?		
Enthalten alle „ersten" Obersätze eine Norm?		
Sind alle Obersätze sprachlich richtig? Konjunktiv II, Fragewort, Nennen der Voraussetzungen		
Definitionen		
Sind alle Definitionen ohne Sachverhaltsbezug formuliert?		
Erklären die Definitionen nur das im Obersatz Gefragte?		
Subsumtionen		
Tauchen die Schlüsselbegriffe aus der Definition wortwörtlich wieder auf?		
Werden keine neuen abstrakten Aspekte subsumiert? (Solche, die in der Definition nicht auftauchen.)		
Passt die Sachverhaltsinformation zu den Schlüsselbegriffen?		
Ergebnisse		
Enthalten alle Ergebnisse eine Schlussfolgerung und keine Begründung?		
Beantwortet jedes Ergebnis den Obersatz?		
Enthält der letzte Ergebnissatz die gleichen Informationen wie der erste Obersatz?		
Allgemein		
Ist die Gutachtenreihenfolge eingehalten?		
Ist jeder Satz einem Gutachtenschritt zuzuordnen?		
Ergibt sich ein Gutachtenschritt aus dem anderen?		
Sind Schwerpunkte erkennbar?		
Hat jede Ebene mindestens zwei Gliederungspunkte?		
Enthält das Gutachten nur neutrale Wörter?		
Wird kein „weil" oder „da" verwendet?		

In der juristischen Schreibberatung hat sich gezeigt, dass viele Studierende mit denselben Schwierigkeiten kämpfen. Unter vielen Klausuren steht: »Sie müssen den Gutachtenstil mehr beachten.« Häufig wissen die Studie-

17 *Hildebrand*, Juristischer Gutachtenstil (Fn. 4), S. 48.

renden nicht, worin genau ihre Missachtung liegt. Sind es die Obersätze, die Definitionen, die Subsumtionen? Das hat zum Entwurf einer Checkliste (siehe Abbildung 4) geführt, die auf diese Hürden reagiert. Der Vorteil der Checkliste besteht darin, dass sie konkretes, transparentes Feedback ermöglicht, was ein weiterer Faktor für einen Lernerfolg durch Schreiben ist.

Sicher lässt sich über einzelne Punkte der Liste streiten. Sie muss sich den Vorwurf gefallen lassen, nach »Schema F« vorzugehen. Wer aber die Regel des gutachterlichen Viererschritts brechen will, muss sie erst einmal kennen. Deswegen ist es wichtig, die vier Schritte gut zu beherrschen.

VI. Wie können die Studierenden ihre Gutachten überarbeiten?

Ein weiterer Vorteil der Checkliste besteht darin, dass die Studierenden ihre Gutachten selbst überarbeiten können, sogar im Kurs, zum Beispiel bei der Besprechung einer Probeklausur oder im Rahmen einer juristischen Schreibberatung. Damit wird das selbstverantwortliche Lernen und Schreiben der Studierenden geschult, ebenfalls ein wichtiges Ziel im Studium.

Sie können mit einer Aktivierung der Studierenden beginnen: Die Studierenden geben fünf Tipps, wie man ein Gutachten auf keinen Fall verfassen sollte. Diese Tipps formulieren sie ins Gegenteil um und stellen eine Liste guter Tipps zusammen. Eine zweite Aktivierungsrunde kann darin bestehen, dass die Studierenden hervorragende Gutachten vergleichen, mit dem Ziel, Kriterien zu finden, warum diese gut sind.

Als Nächstes bietet sich das Arbeiten mit der Checkliste an. Dabei hat sich folgendes Vorgehen als besonders effektiv erwiesen:

- *Schritt 1:* Selbsteinschätzung anhand der Checkliste
- *Schritt 2:* Überprüfen eigener Gutachten
- *Schritt 3:* Abgleichen der Selbsteinschätzung
- *Schritt 4:* Korrektur und Überarbeitung

Abbildung 5: Übung zur Überarbeitung[18]

Schritt 1: Selbsteinschätzung Gehen Sie die Checkliste durch und schätzen ein, wo Ihre Stärken und Schwächen im Gutachtenstil liegen. **Schritt 2: Überprüfen Ihres Gutachtens** Ihre Einschätzung überprüfen Sie jetzt anhand Ihres Gutachtens. Besonders effektiv ist es, auch diese Überprüfung in mehrere Korrekturschritte zu unterteilen: Wählen Sie ein bis zwei Kriterien aus. Markieren Sie im Gutachten die Häufigkeit von „Verstößen" gegen die Kriterien. Wiederholen Sie diesen Schritt so oft wie nötig. **Schritt 3: Abgleichen der Selbsteinschätzung** Oft kommt es bei einem Abgleich zu Aha-Erlebnissen. Natürlich trifft nicht jeder Punkt zu, meistens aber ein oder zwei. Revidieren oder bestätigen Sie Ihre erste Einschätzung und markieren Sie in der Checkliste, was Sie künftig trainieren wollen und was Sie bereits beherrschen. **Schritt 4: Korrektur und Überarbeitung** Die gefundenen Fehler können Sie nun chronologisch oder thematisch überarbeiten. Verwenden Sie die Checkliste zum Überarbeiten und fügen Sie zum Beispiel den Sachverhalt ein, wo er fehlt.

Auch lohnt es sich, den Korrekturprozess zu entzerren und nur ein bis zwei Kriterien pro Durchgang korrigieren zu lassen. Auch hier gilt: Zu viele Tätigkeiten auf einmal blockieren sich gegenseitig.

VII. Wie erhält der Dozent eine Rückmeldung der Studierenden?

Werden neue Lehrmethoden eingeführt, kann es hilfreich sein, eine Rückmeldung der Studierenden einzuholen. An der Universität Bielefeld wird erfolgreich die lernzielorientierte Evaluation umgesetzt. Diese ist fokussiert auf die Selbsteinschätzung der Studierenden. Die lernzielorientierte

18 *Hildebrand*, Juristischer Gutachtenstil (Fn. 4), S. 48.

Evaluation klärt: Was haben die Studierenden nach ihrer Einschätzung gelernt?[19] Die Studierenden schätzen ein, in welchem Maße und durch welche Vermittlungsformen sie die vorgegebenen Lernziele erreicht haben (Schreibübung, Partnerarbeit, Diskussion, Input des Lehrenden etc.).

»Die Evaluation nach Lernzielen hat folgende Vorteile:

- Die Studierenden vergegenwärtigen sich die Ziele der Veranstaltung.
- Sie reflektieren, in welchem Maße sie die angebotenen Aktivitäten nutzen konnten, um die Ziele zu erreichen.
- Lehrende können besser beurteilen, welche Vermittlungsformen und Aktivitäten als hilfreich erlebt wurden.
- Studierende können den Bogen um ihre persönlichen Ziele ergänzen, so dass Lehrende auch erfahren, was sie jenseits der ‚offiziellen' Agenda gelernt haben.«[20]

VIII. Lernzielorientierte Evaluation im Gutachtenstiltraining

Das wöchentliche Gutachtentraining mit einem Umfang von zwei Semesterwochenstunden für Erst- und Zweitsemester hat folgende Lernziele:

1. Ich kann die Reihenfolge im Gutachten einhalten.
2. Wenn ich abkürzen will, weil etwas unproblematisch ist, weiß ich wie.
3. Ich kann sprachlich und inhaltlich korrekte Obersätze formulieren.
4. Ich kann sauber subsumieren.
5. Ich weiß, wie man einen Meinungsstreit aufbaut.
6. Ich weiß, wie ich eine Stellungnahme formuliere.

Zusätzlich können die Studierenden zu Beginn ein eigenes Lernziel formulieren. Im Kurs werden unterschiedliche Methoden verfolgt, um diese Ziele zu erreichen: der Input des Lehrenden, Schreibübungen, das Vorschlagen eigener Formulierungen im Plenum und Partner- bzw. Gruppenarbeit.

---

19 http://www.uni-bielefeld.de/Universitaet/Einrichtungen/SLK/lehren_lernen/lehrevaluation/loe.html (24.09.2015).

20 Ebd.

Abbildung 6: Lernzielorientierte Evaluation Wintersemester 2013/2014 N=43

Mein Lernziel für den Kurs war	
Gutachtenstil erlernen	26
Gutachtenstil perfektionieren	10
Gutachtenstil sicher beherrschen	12
Keine Angabe	5

	1	2	3	4	5	6	k.A.
	14	22	6		1		7
1. Ich kann die Reihenfolge im Gutachten einhalten	28	17	5	2			1
2. Ich kann Unproblematisches abkürzen	7	19	17	7			2
3. Obersätze sprachlich und inhaltlich korrekt bilden	34	13				1	3
4. Ich kann sauber subsumieren.	6	23	14		3		4
5. Ich kann einen Meinungsstreit aufbauen.	7	16	16	7	1		4
6. Ich kann eine Stellungnahme formulieren.	9	17	14	6			4
Was hat mir geholfen diese Zieel zu erreichen?							
Input des Lehrenden	25	23	2				3
Schreibübungen	19	23	7		1		4
Eigene Formulierungsvorschläge	14	20	24	3			2
Gruppen-/Partnerarbeit	--	18	16	7	3		6

Schlussfolgerungen: 36 von 43 Studierenden gaben an, ihr Lernziel sehr gut oder gut erreicht zu haben. Hilfreich waren vor allem der Input der Lehrenden und auf dem zweiten Platz die Schreibübungen. Das bestätigt die Unterstützung, die von Schreibübungen ausgeht. Am »schlechtesten« wurde die Gruppen- bzw. Partnerarbeit von den Studierenden bewertet.

IX. Fazit

Häufig werden von den Lehrenden unterschiedliche Vorschläge gemacht, wie genau ein Gutachten formuliert werden soll. Aber das verdeutlicht nur, wie wichtig eine fachdidaktische Diskussion ist: Wenn schon die Lehrenden sich nicht einig sind, wie man ein Gutachten schreibt, wie kann von den Studierenden ein sicherer Gutachtenstil erwartet werden?

Die lernzielorientierte Evaluation des wöchentlichen Gutachtentrainings hat jedenfalls gezeigt, dass der Gutachtenstil vermittelbar ist, wobei diesbezüglich zu betonen ist, dass es sich um eine Selbsteinschätzung der Studierenden handelt. Die Ergebnisse zeigen auch, dass eine umfassendere Studie hier hilfreich sein kann, denn letztlich ist das Erlernen des Gutachtenstils ein wichtiger Aspekt beim Bestehen des juristischen Staatsexamens. Nicht zuletzt zeigt sich in der Beratung oftmals, wie schwierig die Übertragung des Wissens über das Gutachtenschreiben auf die eigenen Texte ist: Obwohl die Teilnehmenden über das entsprechende Wissen verfügen, fällt es ihnen dennoch schwer, angemessene Worte zu finden oder den Gutachtenstil korrekt anzuwenden. Es erscheint daher sinnvoll, Schreibangebote über die Eingangsphase hinaus auszudehnen und die Studierenden mit weiteren Angeboten zu begleiten.

Autorenverzeichnis

Brockmann, Judith
Jun.-Prof. Dr. iur., Juniorprofessorin für Arbeitsrecht mit sozialrechtlichen Bezügen und rechtswissenschaftliche Fachdidaktik, Fakultät für Rechtswissenschaft, Universität Hamburg.

Emmrich, Volker
Institut für Germanistik, Justus-Liebig-Universität Gießen.

Gogolin, Ingrid
Prof. Dr. Dr. h.c., Professorin für interkulturelle und international vergleichende Erziehungswissenschaft, Universität Hamburg.

Hildebrand, Tina
Juristische Schreibkurse und Schreibberatung, Universität Bielefeld.

Kruse, Otto
Prof. Dr., Departement Angewandte Linguistik der ZHAW, Zürcher Hochschule für Angewandte Wissenschaften.

Morlok, Martin
Prof. Dr. iur., Lehrstuhl für Öffentliches Recht, Rechtstheorie und Rechtssoziologie, Direktor des Instituts für Deutsches und Internationales Parteienrecht und Parteienforschung, Heinrich-Heine-Universität Düsseldorf.

Pilniok, Arne
Jun.-Prof. Dr. iur., Juniorprofessor für Öffentliches Recht, Verwaltungswissenschaften und rechtswissenschaftliche Fachdidaktik, Fakultät für Rechtswissenschaft, Universität Hamburg.

Seibert, Thomas-Michael
Hon.-Prof. Dr. iur., Fachbereich Rechtswissenschaft, Institut für Kriminalwissenschaften und Rechtsphilosophie, Goethe-Universität Frankfurt/M., Vorsitzender Richter am Landgericht Frankfurt a. D.

Steinweg, Christian
Dr. iur., Richter am Verwaltungsgericht Hamburg.

Vogel, Friedemann
Jun.-Prof. Dr., Professor für Medienlinguistik am Institut für Medienkulturwissenschaft, Albert-Ludwigs-Universität Freiburg i. Br.

Kolibri 360 GmbH
Ferdinand-Jühlke-Straße 7
99095 Erfurt, Deutschland
produktsicherheit@kolibri360.de